간단한 힌디어 발음법! 9

초간편 기본회화! 13
Best Basic Conversation!

알고 떠나자!
한눈에 보는 지역학 정보! (인도편) 34

1. 출발전 준비! 39

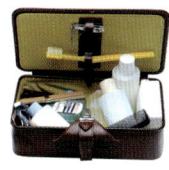

- ❶ 항공권의 예약! 42
- ❷ 예약확인/취소/변경 44
- ✚ 항공권 관련 단어 46

contents

2. 출국수속! 47

❶ 보딩패스! 1.   50
❷ 보딩패스! 2.   52
✚ 탑승 관련 단어   54

3. 출발! 기내에서 55

❶ 기내 입구에서!   58
❷ 기내 좌석에서!   60
❸ 기내식의 주문!   62
❹ 기내에서의 쇼핑!   64
❺ 기내에서의 요구!   66
❻ 신고서의 작성!   68
❼ 경유 / 환승할 때!   70
✚ 기내용 관련 단어들!   72
✚ 주요 안내 표현!   72
✚ 환승 관련 단어들!   74

4. 목적지 도착! 75

❶ 입국심사대에서 1.   78
❷ 입국심사대에서 2.   80
❸ 수하물 찾기!   82
❹ 세관심사!   84
❺ 공항 여행안내소   86
✚ 입국 관련 단어들!   88

Departure

출국수속 따라잡기!

공항에서의 출국수속은 다음과 같이 진행됩니다.

① 공항도착!

② 항공사데스크 체크인!

③ 공항이용권 구입!

④ 환전!

⑤ 비행기 탑승수속!
|세관신고|, |보안검색|,
|출국심사

⑥ 탑승 게이트로 이동!

⑦ 탑승!

5

C.I.Q!
출국장으로 들어가면 ❶ 세관검사, ❷ 보안검색, ❸ 출국심사가 차례로 이어집니다! 계속 앞으로 앞으로!

Step 5

6

탑승게이트로 이동!
탑승권에 표시된 탑승구로 이동합니다. '탑승시간'을 반드시 엄수하여야 합니다!!!

Step 6

✚ **잠깐만요!**
시간적 여유가 있다면 면세점에서 쇼핑을 하셔도 좋겠습니다.

✚ 비행기 출발 30분 전에는 탑승게이트 대기실에 도착해 있어야 합니다!

© Copyright 2005 by Shin Na Ra.

All rights reserved.
No part of this book may be reproduced,
without the written permission of
the copyright owner.

주머니속의 여행 힌디어
펴낸곳*도서출판 신나라
펴낸이*남병덕
지은이*서종순
연구편집*김미진 홍연수

2017. 08. 30. 개정2쇄 발행

주소 : 서울 마포구 독막로 28길 63-
      4304호
    T.02)6735-2100   F.6735-2103
    E-mail : jwonbook@naver.com
등록 : 1991. 10. 14. 제 2016-344호

- - - - - - - - - - - - - - -

* 정가는 표지에 표시!

contents
03

5. 호텔의 이용! 89

❶ 체크인(예약시)　　92　　❷ 체크인(미예약) 1. 94
❸ 체크인(미예약) 2. 96　　❹ 객실의 이용!　　98
❺ 룸서비스의 이용　100　　❻ 프론트의 이용 1. 102
❼ 프론트의 이용 2. 104　　❽ 호텔식당의 이용　106
❾ 체크아웃　　　　　108　　❿ 유스호스텔 이용 1.110
⓫ 유스호스텔 이용 2. 112
✚ 호텔 관련 단어들! 114
잠깐! 숙소 정보!　　　116

6. 식당과 요리! 117

❶ 식당의 예약!　　120　　❷ 식당 미예약시　　122
❸ 식사의 주문!　　124　　❹ 주문의 선택 1.　126
❺ 주문의 선택 2.　128　　❻ 식사시의 표현!　130
❼ 식당을 찾을 때! 132　　❽ 패스트푸드점　　134
❾ 식사비의 계산! 136
✚ 식사 관련 단어들! 138
❿ 주점의 이용!　　　142
✚ 주점 관련 단어들! 144

7. 쇼핑용 회화! **145**

❶ 쇼핑하는 법! 1.　**148**　　❷ 쇼핑하는 법! 2. **150**
❸ 물건값을 낼 때!　**152**　　❹ 백화점 쇼핑!　**154**
❺ 면세점 쇼핑!　　**156**　　❻ 기념품점 쇼핑! **158**
❼ 슈퍼마켓 쇼핑!　**160**
✚ 쇼핑 관련 단어들! **162**

8. 우편, 전화, 은행! **163**

❶ 우편물 보내기!　**168**　　❷ 소포 보내기!　**170**
❸ 공중전화 걸기!　**172**　　❹ 전화대화 표현! **174**
❺ 국제전화 걸기! 1. **176**　❻ 국제전화 걸기! 2. **178**
❼ 호텔에서의 전화! **180**
✚ 우편/전화 관련 단어! **182**
❽ 은행의 이용!　　**184**　　❾ 잔돈 바꾸기! **186**
✚ 은행 관련 단어들! **188**

contents

9. 교통수단! 189

- ❶ 철도의 이용! 1. **194**
- ❷ 철도의 이용! 2. **196**
- ❸ 버스의 이용! 1. **198**
- ❹ 버스의 이용! 2. **200**
- ❺ 선박의 이용! **202**
- ❻ 지하철의 이용! **204**
- ❼ 택시의 이용! **206**
- ❽ 렌터카의 이용! **208**
- ❾ 주유소의 이용! **210**
- ✚ 교통수단 관련 단어! **212**

10. 관광하기! 217

- ❶ 관광 시작하기! **222**
- ❷ 길 물어보기! 1. **224**
- ❸ 길 물어보기! 2. **226**
- ❹ 기념사진 찍기! **228**
- ✚ 관광 관련 단어! 1. **230**
- ✚ 관광 관련 단어! 2. **232**
- ❺ 공연의 관람! 1. **234**
- ❻ 공연의 관람! 2. **236**
- ❼ 나이트 클럽! **238**
- ❽ 스포츠 즐기기! **240**
- ✚ 오락 관련 단어! 1. **242**
- ✚ 오락 관련 단어! 2. **244**

contents 06

11. 사고상황의 대처! 245

- ❶ 분실사고시! 1. 250
- ❷ 분실사고시! 2. 252
- ❸ 사고의 신고! 254
- ❹ 긴급! 간단표현! 256
- ❺ 병원 치료! 258
- ❻ 약국의 처방! 260
- ✚ 사고상황 관련 단어! 262

12. 귀국 준비! 265

- ● 귀국절차! 268

[특별 부록]
비지니스 힌디어회화! 270

- ❶ 방문객을 맞을 때! 274
- ❷ 인사할 때! 276
- ❸ 회사를 소개할 때! 278
- ❹ 전화 통화시에! 280
- ❺ 상담할 때! 282
- ❻ 계약, 주문을 할 때! 284

부록: 필수 단어 사전! 286

간단한 힌디어 발음법!

힌디어를 처음 접하시는 독자 여러분을 위해 '가장 쉽게 힌디어를 발음하실 수 있는 방법'을 소개합니다. 편하고 간단하게 익혀서 실전에 바로 쓰실 수 있습니다! 한국어 발음표기는 편의상 원음에 가장 가까운 음으로 표시하여 '외래어 표기법'과는 거리가 있을 수 있습니다.

힌디를 처음 만나는 독자 여러분! 즉석에서 힌디를 읽고 말할 수 있는 "간단한 힌디 발음"입니다. 쉽고 재미있게 한국어 발음표기로 힌디를 배워볼까요.

간단한 힌디어 발음법!

힌디는 인도의 국어입니다. 힌디 문자는 '데와나가리'라고 부릅니다. 데와나가리는 '신의 도시'란 뜻의 데와나가르(devanagar)에서 파생되었으며 신성한 문자란 뜻입니다. 표음문자로서 발음하기 쉽고, 알파벳은 총 46개로서 모음 11개, 자음 35개로 되어있습니다. 발음은 음성기관 모두를 사용하며 과학적인 음운체계를 갖추고 있고 특히 모음의 장음과 단음은 듣는 이에게 리듬감을 느끼게 합니다.

문자	발음	모음기호
अ	아	(문자를 쓰지 않으나 아 음가는 있다)
आ	아-	ा
इ	이	ि
ई	이-	ी
उ	우	ु
ऊ	우-	ू
ऋ	리	ृ
ए	에-	े
ऐ	애-	ै
ओ	오-	ो
औ	오우	ौ

다음처럼 발음됩니다!

35개의 자음!

ㄷㅇㅏㄱㄴㅏ / ㄷ ㄷㅎ /
ㄴㅏ (라· 라ㅎ·)
ㄴㅏ
ㅁㅏ

ㄱㅎㅏ
ㅈㅎㅏ·
ㄷㅎㅏ·
ㅂㅎㅏ
ㅂㅏ(와)

ㄱㅏ
ㅈㅏ
ㄷㅏ·
ㄷㅏ
ㅂㅏ
ㄹㅏ(la)
ㅆㅏ

ㅋㅏ
ㅊㅏ·
ㅎㅏ
ㅌㅏ
ㅍㅏ
ㄹㅏ(ra)
ㅅㅑ·

ㄲㅏ
ㅉㅏ·
ㄸㅏ·
ㄸㅏ
ㅃㅏ
ㅑ
ㅕ
ㅎㅏ

"여행회화, 기본의 기본입니다! 미리 준비해 두시면 유용하게 자주 쓸 수 있는 표현들입니다!!!"

다음처럼 발음됩니다!
자모음이 섞이면

크,ㄲ	+	아	카 까
크,ㄲ	+	아- 아ㅏ	카- 까-
크,ㄲ	+	이 이ㅣ	키 끼
크,ㄲ	+	이- 이ㅣ-	키- 끼-
크,ㄲ	+	우 우ㅜ	쿠 꾸
크,ㄲ	+	우- 우ㅜ-	쿠- 꾸-
크,ㄲ	+	에 에ㅔ	케 께
크,ㄲ	+	애 애ㅐ	캐 깨
크,ㄲ	+	오 오ㅗ	코 꼬
크,ㄲ	+	오우	코우 꼬우

초간편 기본회화!
Best Basic Conversation!

여행 힌디어 회화!
기본의 기본을 소개합니다.
10가지 기본 상황별로 정리했습니다!

❶ 대답하는 법!   ❷ 인사할 때!
❸ 자기소개할 때! ❹ 부탁할 때!
❺ 감사의 인사!   ❻ 전화, 약속!
❼ 사과를 할 때! ❽ 물어볼 때!
❾ 날씨와 시간!   ❿ 긴급할 때!

초간편 기본회화!
Best Basic Conversation!

여행 힌디어 회화!
기본의 기본을 소개합니다.
10가지 기본 상황별로 정리했습니다!

대답할 때 자주 쓰는 표현들을 공부합니다!

예.(네.)
जी, हाँ |
지 하-ㅇ

아니오.
जी, नहीं |
지 나히-ㅇ

알겠습니다. / 그래요
समझ गया/गयी/ |
싸마즈ʰ 가야-(가이-)

알겠습니다. (알았습니다.)
ठीक है |
티ʰ-끄 해

초간편 ① 기본회화

❶ 대답하는 법!

맞습니까?
वह ठीक है ?
보흐 티-끄 해

맞아요. / 그렇습니다.
ज़रूर
자루-르

동의합니다.
मुझे स्वीकार है ।
무제 쓰위-까-르 해

저도 그렇게 생각합니다.
मेरा विचार भी एसा है ।
메라- 비짜-르 비- 에싸- 해

가장 많이 쓰는 표현들입니다. 자신있게 "Yes!"

"여행회화, 기본의 기본입니다! 미리 준비해 두시면 유용하게 자주 쓸 수 있는 표현들입니다!!!"

초간편 기본회화!
Best Basic Conversation!

여행 힌디어 회화!
기본의 기본을 소개합니다.
10가지 기본 상황별로 정리했습니다!

다양한 인사법들을 연습해 보겠습니다!

안녕하십니까? (아침인사)
शुभ प्रात: I /नमस्ते I/
슈브° 쁘라-따흐 (나마스떼)

안녕하십니까? (오후인사)
नमस्ते I
나마쓰떼

안녕하십니까? (저녁인사)
नमस्ते I
나마쓰떼

안녕히 주무세요.
शुभ रात्रि I
슈브° 라-뜨리

초간편 ❷ 기본회화

❷ 인사할 때!

오랜만입니다.
बहुत दिनों के बाद आपका दर्शन मिलता है ।
바후뜨 디농 께 바-드 아-쁘까- 달샨 밀따- 해

안녕히 계세요. (가세요)
अच्छा, नमस्ते जी ।
앗차- 나마쓰떼 지-

그럼 나중에 또 만나요.
बाद में फिर मिलेंगे ।
바-드 멩 피르 밀렝게

즐거운 하루되세요!
आज शुभ हो ।
아-즈 슈브° 호

인사할 때는 언제나 웃는 얼굴로 하셔야 해요~!

"여행회화, 기본의 기본입니다! 미리 준비해 두시면 유용하게 자주 쓸 수 있는 표현들입니다!!!"

초간편 기본회화!
Best Basic Conversation!

여행 힌디어 회화!
기본의 기본을 소개합니다.
10가지 기본 상황별로 정리했습니다!

자기를 소개할 때 쓸 수 있는 기본 표현들입니다!!

처음 뵙겠습니다.
आप कैसे हैं ?

아-쁘 께쎄 행

저도 잘 지내고 있어요.
अच्छा/अच्छी/ हूँ ।

앗차-(앗치-) 후-ㅇ

만나서 반갑습니다.
आप से मिलकर खुशी हुई ।

아-쁘 쎄 밀까르 쿠쉬- 후이-

저를 소개해 드려도 될까요?
मैं स्वयं परिचय दूँ ?

맹 쓰와얌 빠리짜에 두-ㅇ

초간편 ③ 기본회화

❸ 자기소개할 때

내 이름은 민수입니다.
मेरा नाम राम है । मैं छात्र हूँ ।
메라- 나-ㅁ 라-ㅁ 해 맹 차-뜨르 후-ㅇ

나이가 어떻게 되십니까?
आप कितने साल हैं ?
아-쁘 끼뜨네 싸-ㄹ 행

나는 23세입니다.
मैं तेईस /साल/ हूँ ।
맹 떼이-쓰 (싸-ㄹ) 후-ㅇ

나는 삼성에 다닙니다.
मैं सांसियों में काम करता/करती/ हूँ ।
맹 싸-ㅁ씨용 멩 까-ㅁ 까르따-(까르띠-) 후-ㅇ

이 정도로만 설명해도 당신은 이미 성공입니다!

"여행회화, 기본의 기본입니다! 미리 준비해 두시면 유용하게 자주 쓸 수 있는 표현들입니다!!!"

초간편 기본회화!
Best Basic Conversation!

여행 힌디어 회화!
기본의 기본을 소개합니다.
10가지 기본 상황별로 정리했습니다!

부탁하실 일이 있으면 주저하지 말고 말씀하세요!

저 좀 도와주시겠어요?
कृपया मदद कीजिए ।
끄리빠야- 마다드 끼-지에

이것 좀 도와주시겠어요?
/क्या आप/ मुझ पर एक
सहायता करेंगे/करेंगी/ ?
(꺄- 아-쁘) 무즈* 빠르 에끄 싸하-야따- 까렝게(까-렝기-)

그것을 해주시겠습니까?
क्या आप मेरे लिए यह काम
करेंगे/करेंगी/ ?
꺄- 아-쁘 메레 리에 예흐 까-ㅁ 까렝게(까렝기-)

초간편 ④ 기본회화

④ 부탁할 때!

제 부탁 하나만 들어주세요.
कृपया मुझेपर एक कृपा दीजिए ।
끄리빠야- 무제*빠르 에끄 끄리빠- 디-지에

물론이죠.
ज़रूर // अवश्य ।
자루-르 / 아바샤

좀더 천천히 얘기해 주십시오.
क्या आप और धीरे बोलेंगे/बोलेंगी/ ?
꺄- 아-쁘 오우르 디*-레 볼렝게(볼렝기-)

도움이 필요하십니까? 이렇게 말씀하십시오~!

"여행회화, 기본의 기본입니다! 미리 준비해 두시면 유용하게 자주 쓸 수 있는 표현들입니다!!!"

초간편 기본회화!
Best Basic Conversation!

여행 힌디어 회화!
기본의 기본을 소개합니다.
10가지 기본 상황별로 정리했습니다!

도움을 받았다면 반드시 감사의 인사를 전합니다.

감사합니다.
/बहुत/ धन्यवाद ।
(바훗뜨) 단˚야와-드

전화해 주셔서 감사합니다.
आपके फोन के लिए
धन्यवाद ।
아-쁘께 폰 께 리예 단˚야와-드

정말 고맙습니다.
बहुत बहुत धन्यवाद ।
바후뜨 바후뜨 단˚야와-드

초간편 **5** 기본회화

❺ 감사의 인사!

도와주셔서 감사합니다.
आपकी सहायता के लिए धन्यवाद ।
아-쁘끼- 사하-야따- 께 리예 단*야와-드

아주 많이 도움을 받았어요.
आपने बहुत मदद की ।
아-쁘네 바후뜨 마다드 끼-

천만에요.
कोई बात नहीं ।
꼬이 바-뜨 나히-ㅇ

천만에요.
ऐसे न कहिए ।
에쎄- 나 까히에

감사의 인사, 정중할수록 더욱 좋습니다~!

"여행회화, 기본의 기본입니다! 미리 준비해 두시면 유용하게 자주 쓸 수 있는 표현들입니다!!!"

초간편 기본회화!
Best Basic Conversation!

여행 힌디어 회화!
기본의 기본을 소개합니다.
10가지 기본 상황별로 정리했습니다!

전화를 할 때, 약속을 할 때 쓰는 표현들입니다.

싸미르씨 좀 바꿔주시겠습니까?
समीर से बात सकता/सकती/ हूँ ?
싸미-르 쎄 바-뜨 싸끄따-(싸끄띠-) 후-o

전데요.
वह मुझे है ।
보흐 무제° 해

(당신) 누구신가요?
कौन बोल रहे हैं ?
꼬운 볼 라헤 헹

(당신) 전할 말씀 있으세요?
क्या आप संदेश छोड़ेंगे/छोड़ेंगी/ ?
꺄- 아-쁘 싼데쉬 초렝•게(초렝•기-)

초간편 ⑥ 기본회화

⑥ 전화, 약속!

지금 좀 볼 수 있을까요?
क्या मैं अभी आपसे मिल सकता/सकती/ हूँ ?
꺄- 맹 아비- 아-쁘세 밀 싸끄따-(싸끄띠-) 후-ㅇ

당신은 언제가 가장 적당합니까?
आपके लिए क्सि समय ठीक है ?
아-쁘께 리에 끼쓰 싸마에 티°•-끄 해

이번 주말에 시간 있으세요?
सम्ताहान्त में आपके पास समय है ?
쌈따-하-ㄴ뜨 멩 아-쁘께 빠-쓰 싸마에 해

특별한 건 없는데요.
कुछ्ू विशेष नहीं ।
꾸추- 비셰°샤 나히-ㅇ

전화로 약속을 정할 때는 메모를 준비하세요~!

"여행회화, 기본의 기본입니다! 미리 준비해 두시면 유용하게 자주 쓸 수 있는 표현들입니다!!!"

초간편 기본회화!
Best Basic Conversation!

여행 힌디어 회화!
기본의 기본을 소개합니다.
10가지 기본 상황별로 정리했습니다!

실례, 결례가 되었다면 말씀해 주세요~!

실례합니다.
क्षमा करें ।
끄샤•마- 까렝

죄송합니다.
माफ़ कीजिए ।
마-프 끼-지에

미안합니다.
माफ़ कीजिए ।
마-프 끼-지에

늦어서 죄송합니다.
देर हो गई है, माफ़ कीजिए ।
데르 오 가이- 해 마-프 끼-지에

❼ 사과를 할 때!

저의 사과를 받아주십시오.
मेरा क्षमा याचना स्वीकार करें ।
메라- 끄샤°마- 야-쯔나 쓰위-까-르 까렝

(대화 중) 한 가지 말해도 됩니까?
क्या मैं टोकना करूँ ?
꺄- 맹 또°끄나- 까루-o

좋습니다. 괜찮아요.
ठीक है ।
티°-끄 해

미안해 하실 필요 없습니다.
शोकाकुल होना की ज़रूरत नहीं है ।
쇼까-꿀 호나- 끼- 자루-라뜨 나-히-o 해

실례가 되었다면 표정도 미안스러워야 하겠죠~!

"여행회화, 기본의 기본입니다! 미리 준비해 두시면 유용하게 자주 쓸 수 있는 표현들입니다!!!"

초간편 기본회화!
Best Basic Conversation!

여행 힌디어 회화!
기본의 기본을 소개합니다.
10가지 기본 상황별로 정리했습니다!

궁금한 모든 것을 물어 볼 수 있습니다!

뭐라고 그러셨지요?
आप फिर से बताऍगे/बताऍगी-/ ?
아-쁘 피르 쎄 바따-엥게(바따-엥기-)

그게 무슨 뜻이죠?
इसका अर्थ क्या है ?
이쓰까- 아르트 꺄- 해

좀 크게 말씀해 주시겠어요?
क्या आप थोड़ा और जोर से
बोल सकता/सकती/ हैं ?
꺄- 아-쁘 토라•- 오우르 조르 쎄
볼 싸끄따-(싸끄띠-) 행

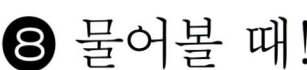

❽ 물어볼 때!

철자를 좀 알려주시겠어요?
क्या आप मेरे लिए इसका अक्षर बोल सकते हैं ?

꺄- 아-쁘 메레 리에 이쓰까- 악샤•르 볼 싸끄떼 행

근처에 은행이 어디에 있습니까?
आसपास में बैंक कहाँ है ?

아-쓰빠-쓰 멩 뱅끄 까하-ㅇ 해

저기 오른쪽입니다.
वहाँ पर दाएँ ।

와항- 빠르 다-엥

(저) 길을 잃었어요.
रास्ता भूल गया/गई/ हूँ ।

라-쓰따- 부ㅎ-ㄹ 가야-(가이-) 후-ㅇ

잘 모르시겠다구요? 다시 한번 더 물어 보셔요~!

"여행회화, 기본의 기본입니다! 미리 준비해 두시면 유용하게 자주 쓸 수 있는 표현들입니다!!!"

초간편 기본회화!
Best Basic Conversation!

여행 힌디어 회화!
기본의 기본을 소개합니다.
10가지 기본 상황별로 정리했습니다!

날씨와 시간에 대해 이야기 하는 방법들입니다!

오늘 날씨가 어떻습니까?
आज मौसम कैसा है ?
아-즈 모우쌈 깨싸- 해

비가 올 것 같습니다.
वर्षा हो सकती है ।
바르샤°- 호 싸끄띠- 해

날씨가 좋군요. 그렇죠?
मौसम अच्छा है, या नहीं ?
모우쌈 앗차- 해, 야- 나히-ㅇ

지금 몇 시입니까?
अब कितने बजे है ?
아브 기뜨네 바제 해

초간편 ⑨ 기본회화

⑨ 날씨와 시간!

12시 30분이에요.
बारह बजकर तीस मिनट हुए हैं ।
바-라흐 바즈까르 띠-쓰 미나뜨• 후에 행

오늘은 무슨 요일입니까?
आज क्सि दिन हैं ?
아-즈 끼쓰 딘 해

오늘 며칠입니까?
आज क्या तारीख है ?
아-즈 꺄- 따-리-크 해

5월 5일입니다.
मई पॉंच है ।
마이- 빠-ㅇ쯔 해

요일과 날짜를 물을 때 쓰는 방법도 기억해 둡니다.

"여행회화, 기본의 기본입니다! 미리 준비해 두시면 유용하게 자주 쓸 수 있는 표현들입니다!!!"

초간편 기본회화!
Best Basic Conversation!

여행 힌디어 회화!
기본의 기본을 소개합니다.
10가지 기본 상황별로 정리했습니다!

위급한 경우에 쓸 수 있는 표현들입니다!

앰뷸런스를 좀 불러주세요.
एंब्युलैंस बुलाइए ।
엠뷸랜쓰 불라-이에

응급상황입니다.
यह एमर्जेंसी है ।
예흐 에마르젠씨- 해

경찰서 좀 대주세요.
पुलिस स्टेशन को बोलिए ।
뿔리쓰 쓰떼˚샨 꼬 볼리에

발목을 삐었어요.
टखना में मोच आ गई है ।
따˚크나- 멩 모쯔 아- 가이- 해

⑩ 긴급할 때!

현기증이 납니다.
मुझे चक्कर आ रहे हैं
무제* 짝까르 아- 라헤 행

팩스가 작동되지 않습니다.
मेरा फैक्स नहीं चलता ।
메라 팩스 나히-ㅇ 짤따-

차가 고장났습니다.
मेरी गाड़ी खराब हो गई है ।
메리- 가-리-* 카라-브 호 가이- 해

타이어가 펑크났습니다.
पंक्चर हो गया है ।
빵끄짜르 호 가야 - 해

긴급구조 요청을 할 때는 말을 보다 더 또박또박!!

"여행회화, 기본의 기본입니다! 미리 준비해 두시면 유용하게 자주 쓸 수 있는 표현들입니다!!!"

India

알고 떠나자!
한눈에 보는 지역학 정보!

인도! India

인도는 아시아 문명의 원천으로 불교가 발생한 곳이며, 힌디어로는 바라트(Bharat)라고 합니다. 영국의 식민지였으며, 1947년에 영국의 지배에서 독립하여 영국 연방공화제를 구성하고 있습니다. 국토 면적이 세계 7위로서 남한의 33배 정도가 되며, 인구는 약 10억 5천만으로서 세계 2위입니다.
남북한 동시 수교국으로서 우리와는 1962년에 영사관계를 수립하였습니다. 인도는 비동맹 중립정책에 따라 남북한 등거리정책을 표방하고 있으나, 실질적으로는 한국의 경제력과 국제지위 향상을 높이 평가하고 있어서 우리와의 실질적인 협력관계를 중시하고 있습니다.

국명 : 인도공화국(Republic of India)

면적 : 3,287,600 평방km로서 한반도의 15배에 해당됩니다. 방글라데시, 중국, 파키스탄, 네팔, 미얀마, 부탄과 접경하고 있습니다.

"여행회화, 기본의 기본입니다! 미리 준비해 두시면 유용하게 자주 쓸 수 있는 표현들입니다!!!"

인구 : 약 10억 5천만입니다.

인종 : 아리안족, 드라비다족, 프로토오스트랄로이드, 니그로이드, 시노-티벳족 등으로 구성되어 있습니다.

언어 : 힌디어, 타밀어 등 공용어로 18종을 사용하고 있습니다. 그 중에서 제1공용어는 힌디어, 제2공용어는 영어입니다.

종교 : 국민의 82%가 힌두교 신자이며, 그 외에 회교와 기독교 등도 있습니다.

화폐 : 루피

기후 : 국토 면적이 세계 7위로서 국토가 넓어서 여러 기후대로 나뉘는데, 전체적으로는 몬순 기후라고 할 수 있습니다. 남인도 지방은 1년 내내 여름 기후이고, 히말라야 지방은 대부분 추우며, 카슈미르 지방은 우리와 기후가 비슷합니다. 3~6월은 혹서기, 7~9월은 우기, 10~2월은 건기로 구별이 됩니다.

수도 : 뉴델리

주요 도시 : 뉴델리, 뭄바이, 콜카타, 첸나이, 뱅갈로, 하이데라바드, 코친

전기 : 220V이나 헤르쯔가 우리와는 달리 50Hz이므로 한국 제품중에 모터를 사용하는 세탁기나 냉장고 등은 고장이 날 수 있습니다. 전압이 불안정하여 정전이 잦고 전기 제품의 고장이 많이 나므로 전압안정기를 부착하여 사용하는 것이 좋습니다.

상수도 : 식수는 가급적이면 생수를 사서 마시는 것이 좋으며 수돗물은 수질이 나쁘고 석회석이 많으므로 정수한 후 끓여서 먹어야 합니다. 도시에 따라 아침과 저녁에 시간을 정해 놓고 물을 공급하는 경우도 있으므로 저장하여 사용합니다.

여행 시기 : 5월에서 10월은 무덥고 몬순 장마 기간이므로 그 시기를 피해서 여행을 가는 것이 좋습니다.

카스트 제도 : 인도에는 태어날 때부터 인간을 브라만, 크샤트리아, 바이샤, 수드라의 4성으로 나뉘어서 각각 같은 카스트에 속하는 사람끼리 결혼이나 직업 선택 등이 이루어지는 카스트 제도가 있습니다. 헌법상 카스트 제도는 폐지되었으나 실제로는 여전히 존재하고 있는데 대도시보다 지방에서 없어지지 않고 문제가 되고 있습니다.

"여행회화, 기본의 기본입니다! 미리 준비해 두시면 유용하게 자주 쓸 수 있는 표현들입니다!!!"

여행시 주의사항 :

❶ 힌두교 신전에 들어갈 때에는 반드시 신발을 벗도록 합니다.

❷ 인도인들은 왼손을 화장실에서 사용하기 때문에 악수를 하거나 음식을 먹을 때 등에는 반드시 오른손을 사용하도록 합니다.

❸ 화장실에 휴지가 비치되어 있는 경우가 거의 없으므로 외출시에는 반드시 화장지를 준비해서 다니도록 합니다.

❹ 음료나 비스켓 등에 수면제나 마약이 들어 있을 수 있으므로 모르는 사람이 주는 음료나 과자는 먹지 않도록 하여서 소지품 도난을 미연에 방지합니다.

❺ 차량 통행이 한국과 반대이므로 길을 건널 때 차량통행에 주의합니다.

❻ 인도에서는 찢어진 지폐는 통용이 안되므로 물건을 구입 후 잘 살펴보도록 하며 간혹 외국인 여행객에게 고의로 찢어진 지폐를 건네는 경우가 있으므로 그럴 때에는 바꿔달라고 요구하도록 합니다.

❼ 힌두교인들은 쇠고기를, 이슬람교인들은 돼지고기를 먹지 않음에 주의하도록 합니다.

1. 출발전 준비!

해외여행에 앞서 반드시 준비되어야 할 것들이 있습니다. 우선 기본적으로 갖추어야 할 것으로 ❶ 여권, ❷ 비자, ❸ 각종 증명서 발급, ❹ 항공권, ❺ 환전 및 여행자 보험 가입, ❻ 여행정보수집 등을 들 수 있습니다.

❶ 여권의 준비!

여권의 종류 : 여권은 '대한민국 국민임을 증명하는 증명서'입니다. 외국에서의 안전을 보장해 주는 신분증이기에 가장 중요한 준비물입니다. 여권의 종류는 관용여권과 일반여권으로 나뉘며, 여행자들이 받게되는 일반여권은 유효기간에 따라 복수여권(5년), 단수여권(1년)으로 나뉩니다. 복수여권은 5년간 사용횟수에 제한이 없기 때문에 일반적으로 많이 신청하는 편입니다.

빠르게 찾고 쉽게 말하는 여행회화! 여러분의 여행을 보다 즐겁고 편안하게 만들어 드립니다!!

비자 | 각종 증명서!

여권의 신청 : 여권은 시, 구청 여권과에서 발급하며, 보통 2~3일 소요됩니다. (지방 시, 군청은 7~10일 소요) 여권 신청서류는 ⓐ 여권발급 신청서, ⓑ 주민등록등본 1통, ⓒ 주민등록증이나 운전면허증, ⓓ 여권용 사진 2매, ⓔ 병역서류 (국외여행허가서), ⓕ 발급비 (복수여권:45,000원, 단수여권:15,000원) 등입니다.

❷ 비자의 준비!

비자(VISA)는 '입국사증', 즉 '입국을 허락하는 증명서'로서 해당 여행국가의 주한대사관에서 받을 수 있습니다.

인도 비자는 관광비자와 같은 단기비자와 1년 이상 머무를 수 있는 장기비자로 나뉩니다. 단기비자는 3, 6개월의 2종류가 있으며 장기비자는 유학생비자, 해외취업비자, 외교관비자, 해외지점 주재원비자 등이 있습니다. 비자 발급 시 구비 서류로는 여권, 여권용 사진 2매, 영문 신청서이며 비용은 65000원 정도 들며 접수 후 다음날 발급됩니다. 주한 인도 대사관 TEL : 02-798-4257

❸ 각종 증명서!

각종 할인혜택과 더불어 여행을 더욱 편리하게 해주는 각종 증명서들이 있습니다. 미리 준비해 두면 유용하게 쓸 수 있고, 보다 경제적인 여행을 할 수 있습니다.

ⓐ **국제학생증 :** 국제학생여행연맹이 발급하는 전세계 어

1. 출발전 준비!

디에서나 통용되는 학생증입니다. 신청서류는 학생증사본, 반명함판 사진 1매, 신청서, 수수료이고, 발급장소는 국제학생여행사(02-733-9494)이며, 발급후 1년간 유효합니다.
http://www.isic.co.kr

ⓑ **유스호스텔회원증** : 여행자를 위한 숙소인 세계 각국의 유스호스텔을 사용할 수 있는 회원증입니다. 신청서류는 회원신청서 1부이며, 발급장소는 한국유스호스텔연맹(02-725-3031)이나 각 지방 유스호스텔연맹에서 신청 가능합니다.
http://www.kyha.or.kr

✚ 그밖의 여행준비물!

그밖에 필요한 여행준비물들로는 먼저 ⓐ 옷가지(해당지역의 기후에 맞게 2~3벌), 우비 또는 우산, 양말, 속옷(3~4벌)이 필수적이며, 비지니스맨이라면 색상이 다른 와이셔츠와 넥타이 세 벌씩은 기본입니다. ⓑ 위생용구(수건, 세면도구, 화장품, 비상약품 - 감기약, 소화제, 정로환, 반창고, 붕대)가 필요할 것이며, 그리고 ⓒ 작은 배낭, 전대, 맥가이버칼, 간단한 인스턴트 식품류 2~3일분, 소형 계산기, 카메라, 필름 등을 준비하면 됩니다. 그리고 가능하다면 읽을 만한 책 한 권 정도를 함께 준비하면 여행은 훨씬 더 풍성해 질 것입니다.

빠르게 찾고 쉽게 말하는 여행회화! 여러분의 여행을 보다 즐겁고 편안하게 만들어 드립니다!!

❶ 항공권의 예약!

❶ 인디안 항공사입니다. 말씀하십시오.

❷ 델리행 비행기편의 예약을 하고 싶습니다.

❸ ~행 항공편을 예약하고 싶습니다.

❹ 언제 떠나실 예정이죠?

❺ 이번 금요일이요.

❻ 금요일 오후에 출발하는 비행기가 있나요?

❼ 델리까지 왕복 티켓료는 얼마입니까?

❽ 이코노미 클래스(2등석)로 주십시오.

❾ 그것으로 하겠습니다.

1. 출발전 준비!

❶ इंडियन एयर लाइन्स है । कैसे कृपा की ?
인디얀 에야르 라-인쓰 해   깨쎄 끄리빠- 끼-

❷ दिल्ली के लिए उड़ान बूक करना चाहिए ।
딜리- 께 리에 우라•-ㄴ 부-ㄲ 까르나- 짜-히예

❸ ~के लिए उड़ान बूक करना चाहिए ।
~께 리예 우라•-ㄴ 부-ㄲ 까르나- 짜-히예

❹ आप कब जा रहे हैं ?
아-쁘 까브 자- 라헤 행

❺ इस शुक्रवार को ।
이쓰 슈끄르와-르 꼬

❻ शुक्रवार दोपहार की उड़ान है ?
슈끄라와-르 도쁘하-르 끼- 우라•-ㄴ 해

❼ दिल्ली के लिए वापासी टिकट का किराया कितना है ?
딜리- 께 리예 와-빠-씨- 띠•까뜨• 까 끼라-야- 끼뜨나 해

❽ कृपया किफायती श्रेणी दीजिए ।
끄리빠야- 끼파-야띠- 슈레니•- 디-지예

❾ मैं उसको चाहिए ।
맹 우쓰꼬 짜-히예

빠르게 찾고 쉽게 말하는 여행회화! 여러분의 여행을 보다 즐겁고 편안하게 만들어 드립니다!!

❷ 예약확인 취소변경

❶ 인디안 항공사입니다. 말씀하십시오.

❷ 항공권 예약 재확인을 하고 싶습니다.

❸ 이 예약을 취소해 주십시오.

❹ 예약을 변경하고 싶습니다.

❺ 성함과 비행기 번호를 말씀해 주시겠습니까?

❻ 제 이름은 김철수입니다.

❼ 저의 항공편 번호는 304입니다.

1. 출발전 준비!

❶ इंडियन एअर लाइन्स । कैसे कृपा की ?
 인디얀 에아르 라-인쓰 께쎄 끄리빠- 끼-

❷ एअर लाइन्स टिकट का रेजर्वेशन पक्की करवा चाहता/चाहती/ हूँ ।
 에야르 라-인쓰 띠•까뜨• 까- 레자르베샨
 빡끼- 까르와- 짜-흐따-(짜-흐띠-)   후-ㅇ

❸ मुझे इस रेजर्वेशन रद्द करवाना है ।
 무제 이쓰 레자르베샨 랏드 까르와-나- 해

❹ रेजर्वेशन को बदलना चाहिए ।
 레자르베샨 꼬 바달르나- 짜-히예

❺ आपका नाम और जहाज का नंबर बोलिए ।
 아-쁘까- 나-ㅁ 오우르 자하-즈 까- 남바르 볼리예

❻ मेरा नाम किम छियोल्सु है ।
 메라- 나-ㅁ 낌 치요르쑤 해

❼ मेरे जहाज का नम्बर तिन सौ चार है ।
 메레 자하-즈 까- 남바르 띤 소우 짜-르 해

➕ 항공권 관련 단어

여행사	ट्रवल एजेंट	뜨•래발 에젠드•
항공사	एअर लाइन्स	에아르 라-인쓰
항공권	यात्री टिकट और सामान पत्र	야-뜨리- 띠•까뜨• 오우르 싸-마-ㄴ 빠뜨르
예약	रेजर्वेशन	레자르베샨
확인	पक्की करवाना	빠끼- 까르와-나-
재확인	पुन: पक्की करवाना	뿌나흐 빠끼- 까르와-나
스케줄	कार्यक्रम	까-리야끄람
편도항공권	इकतरफ़ा एअर लाइन्स टिकट	이끄따라파- 에아르 라-인쓰 띠•까뜨•
편도항공권	उड़ान का एक तरफा टिकट	우라•-ㄴ 까- 에끄 따라파- 띠•까뜨•
왕복항공권	वापसी एअर लाइन्स टिकट	와-빠-씨- 에아르 라-인쓰 띠•까뜨•
왕복항공권	उड़ान का दो तरफा टिकट	우라•-ㄴ 까- 도 따라파- 띠•까뜨•
1등석	प्रथम श्रेणी	쁘라탐 슈레니•-
2등석	किफ़ायती श्रेणी	끼파-야띠- 슈레니•-
비예약좌석	आरक्षण बीना सीठ	아-락샨• 비-나 씨-트•
항공편명	जहाज नंबर	자하-즈 남바르

2. 출국수속!

❶ 출국준비의 순서!

공항에서의 출국수속은 크게 다음과 같이 진행됩니다. 공항에 도착하시면 다음과 같은 순서로 출국수속을 밟으세요.

❶ 병무신고(남자 : 공항병무신고 사무소 3층 A카운터에서 확인필증 교부), ❷ 항공사 체크인(자신이 이용할 항공사 카운터로 이동해서 비행기 좌석번호와 수하물표를 받음), ❸ 환전(공항 환전소나 공항내 면세점 구역 환전소 이용), ❹ 출입국신고서 작성(출국심사대 앞에 비치되어 있음), ❺ 비행기 탑승수속, ❻ 세관신고(고가품은 신고필증(**custom stamp**)을 교부 받도록 함), ❼ 보안검색(금속탐지문 통과), ❽ 출국심사(탑승권, 여권, 출입국신고서를 제출하면 심사관이 확인한 후 날

빠르게 찾고 쉽게 말하는 여행회화! 여러분의 여행을 보다 즐겁고 편안하게 만들어 드립니다!!

공항에서의 상식

인과 함께 출입국신고서의 한쪽을 절취해 여권에 부착해 줍니다), ❾ 탑승 게이트로 이동, ❿ 탑승의 순서로 임하시면 되겠습니다.

공항에는 최소한 2~3시간 전에 도착하도록 하며, 비행기 출발 30분 전에는 탑승게이트 대기실에 도착해 있어야 합니다.

❷ 인천국제공항 상식

ⓐ **공항까지의 교통편** : 국제선 이용 승객은 인천국제공항을 이용합니다. 인천국제공항까지는 인천국제공항 전용고속도로(40.2km)를 이용합니다. 서울에서 인천공항까지의 이동 방법으로는 리무진 버스(서울역-인천국제공항 간 75분 소요), 택시(60분 소요), 지하철(5호선 방화역, 김포공항 리무진 버스로 환승)을 이용하실 수 있습니다. 운송화물을 미리 보낼 경우, 김포 도심 터미널이나 삼성동 서울 도심공항 터미널을 이용하시면 공항 이용료가 할인됩니다.

> 인천국제공항 : **www.airport.or.kr**
> 서울 도심공항터미널 : **www.kcat.co.kr**

ⓑ **공항 면세점** : 출국심사를 마치고 탑승게이트 쪽으로 들어서면 공항 면세점이 중앙에 있습니다. 선물(시계, 화장품, 향수, 민속상품, 기념품)이나 기호품(담배, 술, 초콜릿, 문구류, 필름)을 할인된 가격으로 살 수 있습니다.

2. 출국수속!

❸ 공항에서 할 일!

ⓐ **병무신고** : 만 18세 이상 30세까지의 병역미필자는 인천국제공항 청사 3층에 있는 병무신고소에 거주지 동사무소로부터 발급 받은 신고필증을 제출하고, 확인필증을 교부받으면 됩니다.

ⓑ **항공사 데스크에서의 보딩패스** : 항공사 데스크로 가서 여권, 항공권을 제시하면 비행기내 좌석번호를 받게 됩니다. 그리고 탁송할 화물들을 계산대 위에 올려 놓으면 항공사 직원은 확인 후 수하물표(**claim tag**)를 가방에 달아 주고, 화물의 인환증을 항공표 뒷면에 붙여 줄 것입니다. 이때 인환증의 갯수와 행선지 표시를 반드시 확인해 만약 하물이 분실되었을 경우를 대비해야 합니다.

ⓒ **출국수속** : 출국심사장으로 들어 가면 곧바로 세관을 통과하게 되고 출국심사대 앞에 서게 됩니다. 이때는 여권, 항공권, 출국신고서를 심사대 직원에게 제출하면 됩니다. 직원은 여권의 유효관계를 확인하고 출국심사확인표를 여권에 붙여 줍니다.

✚ 출입국신고서 작성

출입국신고서는 탑승수속 카운터 앞쪽에 마련된 테이블에 비치되어 있는 출입국신고서(**E/D Card**) 양식에 작성하면 됩니다. 양식은 한글, 한자, 알파벳으로 작성합니다.

빠르게 찾고 쉽게 말하는 여행회화! 여러분의 여행을 보다 즐겁고 편안하게 만들어 드립니다!!

① 보딩패스! 1.

❶ 비행기표를 보여 주시겠습니까?

❷ 여기 있습니다.

❸ 통로측과 창측 어떤 좌석을 원하십니까?

❹ 창측 좌석을 원합니다.

❺ 통로측 좌석을 원합니다.

❻ 네, 여기 있습니다. 좌석번호는 20-A입니다.

❼ KAL카운터로 이 짐을 운반해 주세요.

❽ 짐이 있습니까?

❾ 네, 있습니다.

2. 출국수속!

① आप एअर लाइन्स टिकट दिखाऐंगे/दिखाऐंगी/ ?
아-쁘 에아르 라-인 쓰 띠•까뜨• 디카-엥게(디카-엥기-)

② यहाँ हैं ।
야하- 행

③ आप किस सीट लेंग/लेंगी/, अइल सीट या खिड़की सीट ?
아-쁘 끼쓰 시-뜨• 렝게(렝기-), 아일 씨-뜨• 야- 키르•끼- 씨-뜨•

④ खिड़की सीट चाहिए ।
키르•끼- 씨-뜨• 짜-히예

⑤ अइल सीट चाहिए ।
아일 씨-뜨• 짜-히예

⑥ जी हाँ, यह लीजिए । सीट नंबर बीस-। है ।
지- 하-ㅇ 예호 리-지예   씨-뜨• 남바르 비-쓰-A 해

⑦ कृपया आपका सामान KAL काउन्टर को ले जाइए ।
끄리빠야 아-쁘까- 싸-마-ㄴ KAL 까-운따•르 꼬 레 자-이예

⑧ आपके साथ सामान है ?
아-쁘께 싸-트 싸-마-ㄴ 해

⑨ जी हाँ, मेरे साथ सामान है ।
지- 하-ㅇ 메레 싸-트 싸-마-ㄴ 해

빠르게 찾고 쉽게 말하는 여행회화! 여러분의 여행을 보다 즐겁고 편안하게 만들어 드립니다!!

❷ 보딩패스! 2.

❿ 짐은 전부 3개입니다.

⓫ 몇 번 게이트입니까?

⓬ 5번 게이트는 어디입니까?

⓭ 7번 게이트를 가르쳐 주시겠습니까?

⓮ 수하물 초과요금이 얼마입니까?

⓯ 탑승 시간은 언제입니까?

⓰ 면세점은 어디에 있습니까?

2. 출국수속!

❿ मेरा सामान सब तीन बैग है ।
메라- 싸-마-ㄴ 싸브 띠-ㄴ 백 해

⓫ क्सि गेट पर जाना है ?
끼쓰 게뜨* 빠르 자-나- 해

⓬ पाॅच नंबर गेट कहाॅ है ?
빠-ㅇ쯔 남바르 게뜨* 까-하-ㅇ 해

⓭ मुझे सात नंबर गेट दिखाइये ।
무제* 싸-뜨 남바르 게뜨* 디카-이예

⓮ अतिरिक्त वजन का सामान के लिए कितना पैसे लगते हैं ?
아띠릭뜨 바잔 까- 싸-마-ㄴ 께 리예 끼뜨나- 빼세 라그떼 행

⓯ मैं कब विमान में चढ़ूॅ ?
맹 까브 비마-ㄴ 멩 짜루*-ㅇ

⓰ शुल्क मुक्त दुकान कहाॅ है ?
슐끄 묵뜨 두까-ㄴ 까하-ㅇ 해

➕ 탑승 관련 단어

입국관리	आप्रवास	아-쁘라와-쓰
검역	संगरोध	싼가로드˚
예방주사증명서	टीके लगने का पत्र	띠˚-께 라그네 까- 빠뜨르
세관검사	कस्टम निरीक्षण	까쓰땀˚ 니리-ㄱ샨˚
기내반입수화물	विमान को सामान	비마-ㄴ 꼬 싸-마-ㄴ
분실물취급소	खोया सामान का दफ़्तर	코야- 싸-마-ㄴ 까- 다프따르
탑승구	बोर्डिंग गेट	보르딩˚그 게드˚
대합실	प्रतीक्षालय	쁘라띠-ㄱ샤-라에
수하물	सामान	싸-마-ㄴ
수하물	सामान	싸-마-ㄴ
여권검사	पासपोर्ट निरीक्षण	빠-쓰뽀르뜨˚ 니리-ㄱ샨˚
출국카드	आप्रवास कार्ड	아-쁘라와-쓰 까-르드˚
입국카드	उत्प्रवास कार्ड	우뜨쁘라와-쓰 까-르-드˚
발착일람표	समयसारिणी	싸마에싸-리니˚-
비행기편명	जहाज नंबर	자하-즈 남바르
출발지	प्रस्थान अड्डा	쁘라스타-ㄴ 앗다˚-
도착지	आगमन अड्डा	아-가만 앗다˚-
탑승절차	विमान निरीक्षण	비마-ㄴ 니리-ㄱ샨˚
항공사 카운터	एअर लाइन काउन्टर	에아르 라-인 까-운따˚르
탑승권	बोर्डिंग पास	보르딩˚그 빠-쓰
탑승권	बोर्डिंग कार्ड	보르딩˚그 까-르드˚
여권	पासपोर्ट	빠-쓰뽀르뜨˚
항공권	एअर टिकट	에아르 띠˚까뜨˚
공항세	हवा अड्डा कर	하와 앗˚다˚- 까르
인환증	क्लैम टेग	끌램 떼˚그
좌석번호	सीठ नम्बर	씨-트˚ 남바르

54

3. 출발! 기내에서

❶ 기내의 안전수칙!

ⓐ **지정좌석** : 기내에서는 지정된 좌석에 앉아야 합니다. 짐은 머리 위쪽의 선반에 넣습니다. 안전을 위해 무거운 짐은 다리 아래 놓습니다. 승무원의 지시에 따라 이착륙시에는 좌석에 앉고, 반드시 안전벨트를 착용합니다. 좌석상단의 메시지 램프에는 안전고도에서 정상운행 중일지라도 기류에 따라 경고등이 표시되곤 합니다. 이때 **'No Smoking'**은 '금연'을, **'Fasten Seat Belt'**는 '안전벨트를 매시오.' 라는 뜻입니다.

ⓑ **좌석의 조정** : 비행기의 좌석은 뒤로 젖힐 수 있게 되어 있어 장거리 여행시에는 뒤로 눕혀 잠을 잘 수도 있습니다. 그러나 이착륙시나 식사 때는 의자를 바로 세워 정위치로 만듭니다. 눕힐 때는 뒷좌석의 손님에게 양해를 구하거나 천천히 젖히는 것이 바람직합니다. 자리가 불편한 경우 승무원에게 부탁하면 다른 자리로 옮길 수 있습니다.

기내에서의 상식!

ⓒ **안전사항** : 비행기 멀미를 하시는 분이라면 좌석 앞주머니에 준비되어 있는 구토용 봉지를 사용하시거나, 호출버튼을 눌러 스튜어디스에게 찬음료나 진정제 등을 부탁할 수 있습니다. 그리고 기내 주요 유의사항으로는 비행기 안전운항에 장애가 될 수 있기 때문에 모든 전자제품의 사용을 금하는 것과, 다른 승객에게 불편이 될 수 있기 때문에 기내에서는 금연이라는 것, 그리고 흉기의 기내 반입은 절대 금지되고 있음을 기억해 주십시오.

❷ 기내의 식사!

기내식으로 제공되는 것으로는 식사, 차, 주류 및 청량음료 등이 있습니다. 좌석의 등급별로 식사는 다르게 나오며, 본인이 못 먹는 음식은 피할 수도 있습니다. (채식식단과 육식식단이 함께 준비되기 때문에 선택적으로 주문이 가능합니다.) 기내식은 통상 이륙 후 3~4시간 후에 서비스됩니다.

음료는 식사 때가 아니더라도 필요하면 언제라도 주문이 가능하며, 기내에서는 탄산음료보다는 물이나 과일 주스류가 좋습니다. 주류는 제한된 양이지만 맥주 한두 캔이나 와인 한두 잔은 무료로 서비스됩니다. 그러나 기내에서의 음주는 기압과 안전을 고려해 평소 주량의 1/3 정도만 드시는 것이 좋습니다.

❸ 기내의 서비스들!

장시간의 비행이 이루어지는 노선은 비행시간에 따라 한 두 편 정도의 최신 영화들이 상영됩니다. 팔걸이에 장치된 다

3. 출발! -기내에서-

이얼과 좌석 주머니의 이어폰을 사용하여 영화나 스포츠방송을 볼 수 있고, 팝송, 컨트리송, 가요, 클래식 등 쟝르별로 음악을 즐길 수도 있습니다. 영화나 방송의 내용 그리고 음향이나 채널의 안내는 앞에 비치된 안내책자를 참고하십시오. 그밖에 각국의 신문, 잡지 및 트럼프·바둑 등 오락기구도 구비되어 있어서 필요시엔 승무원에게 요구하시면 됩니다. 이들 오락기구는 대부분 승객들에게 서비스되는 것들로 기념품으로 가져가도 됩니다. (담요는 반납해야 함.)

❹ 기내의 면세쇼핑!

기내에서는 양주, 담배, 향수, 시계, 화장품, 스카프, 완구 등의 기호품과 선물용품들이 면세된 가격으로 판매됩니다. 세계적으로 유명한 제품들이 선정되어 구비되어 있으며, 주문과 배달도 가능합니다. 쇼핑 품목 및 수량은 도착국의 반입 허용량을 고려하시어 구입하는데 담배 20갑, 입담배 50g, 술 1병 정도가 되겠습니다.

✚ 기내화장실 상식!

기내 화장실은 남녀 공용입니다. 화장실의 현재 사용상태는 벽면의 표시등으로 표시됩니다. 사용중이면 **'Occupied'**, 비어 있을 때는 **'Vacant'**라는 표시등에 불이 켜집니다. 화장실로 들어갈때는 문을 밀어서 열고, 나올 때는 잡아 당겨 문을 엽니다. 화장실의 사용법은 일반 수세식변기 사용과 같으며, 사용한 휴지는 쓰레기통에 버려야 합니다. 이착륙시 또는 이상 기류로 기체가 흔들릴 때는 **'Return to seat'**(좌석으로 돌아가라.)라는 표시등이 켜지게 됩니다. 이럴 땐 서둘러 자리로 돌아가도록 합니다. 그리고 화장실도 금연구역이기 때문에 유의해야 합니다.

Toilet

❶ 기내 입구에서!

❶ 탑승권을 보여 주시겠습니까?

❷ 여기 있습니다.

❸ 손님 좌석은 30-B입니다.

❹ 손님 좌석은 저기 창가 쪽입니다.

❺ 고맙습니다.

❻ 실례합니다. 제 자리는 12-D입니다.

❼ 좌석 12-D는 어디입니까?

❽ 손님 좌석은 저쪽 통로 쪽입니다.

❾ 이 좌석이 어디입니까?

3. 출발! -기내에서-

❶ आप बोर्डिंग पास दिखाएँगे/दिखाऍगी/ ।
아-쁘 보르딩•그 빠-쓰 디카-엥게(디카 -엥기-)

❷ यह है ।
예흐 해

❸ आपका सीठ नंबर तीस-बी है ।
아-쁘까- 씨-트• 남바르 띠-쓰-B 해

❹ आपका सीठ खिड़की के पास जगह है ।
아-쁘까- 씨-트• 키르끼- 께 빠-쓰 자게흐 해

❺ धन्यवाद ।
단•야와-드

❻ माफ़ कीजिए । मेरा सीठ नबर बारह-डी है ।
마-프 끼-지예 메라- 씨-트• 남바르 바-라흐-D 해

❼ सीठ नंबर बारह-ञी कहाँ है ?
씨-트• 남바르 바-라흐-D 까하- 해

❽ आपका सीठ वहाँ अइल के पास है ।
아-쁘까- 씨-트• 와하-• 아일 께 빠-쓰 해

❾ इस सीठ कहाँ है ?
이쓰 씨-트• 까하- 해

빠르게 찾고 쉽게 말하는 여행회화! 여러분의 여행을 보다 즐겁고 편안하게 만들어 드립니다!!

❷ 기내 좌석에서!

❶ 자리 좀 바꾸어 주실 수 있습니까?

❷ 네, 뒤쪽에 빈자리가 많이 있습니다.

❸ 통로 쪽 자리였으면 좋겠습니다.

❹ 잠깐 지나가도 될까요?

❺ 이 자리에 앉아도 되겠습니까?

❻ 죄송합니다만, 여긴 제자리 같습니다.

❼ 좌석을 제 위치로 해 주십시오.

❽ 의자를 뒤로 젖혀도 되겠습니까?

❾ 이것을 어디에 좀 보관해 주세요.

3. 출발! -기내에서-

❶ क्या आप मेरे लिए सीट बदल सकते/सकती/ हैं ?
꺄- 아-쁘 메레 리에 씨-트• 바달 싸끄떼(싸끄띠-) 행

❷ जी हाँ, पीछे खाली सीट बहुत हैं ।
지-하-o 삐-체 왈-리- 씨-트• 바후뜨 행

❸ अइल सीट अच्छा लगती है ।
아일 씨-뜨• 앗차- 라그띠- 해

❹ क्या मैं पास करूँ ?
꺄- 맹 빠-쓰 까루-o

❺ क्या मैं इस सीट पर बैठ सकता/सकती/ हूँ ?
꺄- 맹 이스 씨-트• 빠르 베트• 싸끄따-(싸끄띠-) 후-o

❻ माफ़ कीजिए, मैं यहाँ मेरा सीट लगता/लगती/ हूँ ।
마-프 기-지예, 맹 야하-o 메라- 씨-트•
라그따-(라그띠-) 후-o

❼ कृपया आपका सीठ वापस करना चाहिए ।
끄리빠야- 아-쁘까 씨-트• 와-빠쓰 까르나- 짜-히예

❽ मैं मेरा सीठ लेट सकता/सकती/ हूँ ?
맹 메라- 시-트• 레트• 싸끄따-(싸끄띠-) 후-o

❾ कृपया इस सामान कहीं रखिए ।
끄리빠야- 이쓰 싸-마-ㄴ 까히-o 라키예

빠르게 찾고 쉽게 말하는 여행회화! 여러분의 여행을 보다 즐겁고 편안하게 만들어 드립니다!!

③ 기내식의 주문!

❶ 닭고기 또는 쇠고기를 드시겠습니까?

❷ 쇠고기요리로 주세요.

❸ 커피와 홍차 중 어떤 것을 드릴까요?

❹ 커피로 주세요.

❺ 크림과 설탕을 넣어 드릴까요?

❻ 아니요, 그냥 마실래요.

❼ 손님, 식사 다 하셨습니까?

❽ 네, 잘 먹었습니다.

❾ 고맙습니다.

3. 출발! -기내에서-

❶ आप मुरगी खाएँगे या गो मांस ?
 아-쁘 무르기- 카-엥게 야- 고 마-ㅁ쓰

❷ गो मांस का पकवान दीजिए ।
 고 마-ㅁ쓰 까- 빠끄와-ㄴ 디-지예

❸ चाय लेंगे या काफ़ी ?
 짜-에 렝게 야- 카- 피-

❹ काफ़ी दे ।
 까-피- 데

❺ काफ़ी में चिनी और क्रीम डालूँ ?
 까-피 멩 찌니- 오우르 끄리-ㅁ 다˚-루-ㅇ

❻ नहीं, सिर्फ काली ।
 나히-ㅇ 씨르프 깔-리-

❼ सर, क्या आपने खाना सब खा लिये है ?
 싸르 꺄- 아-쁘네 카-나- 싸브 카- 리예 행

❽ जी हाँ, खाना बहुत स्वदिष्ट है ।
 지-하-ㅇ, 카-나- 바흐뜨 쓰와디스˚뜨˚ 해

❾ शुक्रिया ।
 슈끄리야-

빠르게 찾고 쉽게 말하는 여행회화! 여러분의 여행을 보다 즐겁고 편안하게 만들어 드립니다!!

④ 기내에서의 쇼핑!

❶ 기내에서 면세품을 팝니까?

❷ 볼펜 있습니까?

❸ 네, 있습니다.

❹ 한 다스에 얼마입니까?

❺ 18달러입니다.

❻ 위스키 2병 주세요.

❼ 입담배 있습니까?

❽ 1상자 주세요.

❾ 한국돈으로 지불해도 됩니까?

3. 출발! -기내에서-

❶ आप विमान में कर-मुक्त वस्तुएँ मिल जाती हैं ?
아-쁘 비마-ㄴ 멩 까르 묵뜨 바스뚜엥 밀 자-띠- 행

❷ आपके पास बॉल पेन है ?
아-쁘께 빠-스 바-ㄹ 뺀 해

❸ जी हाँ, यह है ।
지- 하-ㅇ 예흐 해

❹ एक दर्जन को इसका दाम क्या है ?
에끄 달잔 꼬 이쓰까- 다-ㅁ 꺄- 해

❺ वह अठारह डॉलर है ।
보흐 아타ᐧ-라흐 달ᐧ-라르 해

❻ दो बोतलों का व्हिस्की दीजिए ।
도 보딸롱 까- 비흐쓰끼- 디-지예

❼ आपके पास पत्ता-तम्बाकू है ?
아-쁘께 빠-쓰 빳따- 땀바-꾸- 해

❽ एक बाक्स दीजिए ।
에끄 바-ㄱ쓰 디-지예

❾ आप कोरियाई मुद्र लेंगे/लेंगी/ ।
아-쁘 꼬리야-이- 무드라 렝게(렝기-)

❺ 기내에서의 요구!

❶ 몸이 좋지 않습니다.

❷ 두통약 좀 가져다 주시겠습니까?

❸ 네, 타이레놀을 갖다 드리죠.

❹ 마실 것 좀 드릴까요?

❺ 우유 한 잔 주세요.

❻ 마실 것 좀 가져다 주시겠습니까?

❼ 스낵 드시겠어요?

❽ 아니요, 배가 고프질 않군요.

❾ 담요 한 장 좀 가져다 주시겠습니까?

3. 출발! -기내에서-

① तबियत ठीक नहीं है ।
따비야뜨 티-끄 나히-ㅇ 해

② क्या आप सिरदर्द की दवा ले आएँगे/आएँगी/ ?
꺄- 아-쁘 씨르다르드 끼- 다와- 레 아-엥게(아-엥기-)

③ जी हाँ, मैं कुछ तैरेनोल लाएँगा/लाएँगी/ ।
지- 하-ㅇ, 맹 꾸츠 따이레놀 라-우-ㅇ가(라-우-기-)

④ आप कुछ पिएँगे ?
아-쁘 꾸츠 삐엥게

⑤ एक गिलास दूध दीजिए ।
에끄 길라-쓰 두-드° 디-지예

⑥ कृपया पीने का कुछ लाएँगे/लाएँगी/ ?
끄리빠야- 삐-네 까- 꾸츠 라-엥게(라엥기-)

⑦ आप कुछ स्नैक लेंगे/लेंगी/ ?
아-쁘 꾸츠 쓰내끄 렝게(렝기-)

⑧ जी नहीं, मुझे भूख नहीं है ।
지- 나히-ㅇ, 무제 부°-크 나히-ㅇ 해

⑨ कृपया एक कम्बल लाएँगे/लाएँगी/ ?
끄리빠야- 에끄 깜발 라-엥게(라-엥기-)

❻ 신고서의 작성!

❶ 펜 좀 써도 될까요?

❷ 그럼요. 여기 있습니다.

❸ 제 입국신고서 좀 봐주시겠습니까?

❹ 어떻게 기재하는지 가르쳐 주십시오.

❺ 여기에 무엇을 써야 됩니까?

❻ 입국카드를 한 장 더 얻을 수 있을까요?

❼ 제가 좀 틀리게 썼습니다.

 기내에서는 전자제품의 사용을 삼가시오!

3. 출발! -기내에서-

❶ मैं आपका कलम प्रयोग करूँ ?
맹 아-쁘까- 깔람 쁘라요그 까루-ㅇ

❷ जरूर, यह है ।
자루-르 예흐 해

❸ क्या आप मेरा पोतावरोहण कार्ड जाँच करेंगे/करेंगी/ ।
꺄- 아-쁘 메라- 뽀따-와로한• 까-르드• 자-쯔 까렝게(까렝기-)

❹ मुझे सिखाइए कि इस फार्म कैसे पूरा करना है ।
무제 시카-이예 끼 이쓰 파-르음 깨쎄 뿌라- 까르나- 해

❺ मुझे यहाँ क्या लिखना है ?
무제 야하-ㅇ 꺄- 리크나- 해

❻ क्या मैं आप्रवास कार्ड एक और मिल सकता/सकती/ हूँ ?
꺄- 맹 아-쁘라와-쓰 까-르드• 에끄 오우르 밀 싸그따-(싸그띠-) 후-ㅇ

❼ मैं कुछ गलती से लिखा/लिखी/ हूँ ।
맹 꾸츠 갈라띠- 쎄 리카-(리키-) 후-ㅇ

빠르게 찾고 쉽게 말하는 여행회화! 여러분의 여행을 보다 즐겁고 편안하게 만들어 드립니다!!

7 경유 | 환승할 때!

❶ 이 공항에서 얼마나 체류하게 되나요?

❷ 약 1시간 정도입니다.

❸ 당신은 통과 여객이십니까?

❹ 이 통과용 카드를 함께 갖고 계십시오.

❺ 거기에 면세점이 있습니까?

❻ 면세점은 어디에 있습니까?

❼ 비행기를 갈아 타야 합니다.

❽ 제가 탈 항공편의 확인은 어디에서 합니까?

❾ 공항 1층 대합실에 있는 항공사 카운터에서 하십시오.

3. 출발! -기내에서-

❶ इस हवा अड्डा में कितने समय के लिए रुकना है ?
이스 하와- 앗다•- 메-ㅇ 끼뜨네 사마에 께 리예 루끄나 해

❷ लगभग एक घंटा है ।
라그바•그 에끄 간•따•- 해

❸ आप पारगमन यात्री हैं ?
아-쁘 빠-르가만 야-뜨리- 행

❹ आपके साथ पारगमन कार्ड रखिए ।
아-쁘께 싸-트 빠-르가만 까-르드• 라키예

❺ क्या वहाँ कर-मुक्त दुकान है ?
꺄- 와하-ㅇ 까르 무끄뜨 두까-ㄴ 해

❻ कर-मुक्त दुकान कहाँ है ?
까르-묵뜨 두까-ㄴ 까하-ㅇ 헤

❼ जहाज बदलना होगा ।
자하-즈 바달르나- 호가-

❽ मैं मेरा उड़ान की पुष्टि कहाँ कर सकता/सकती/ हूँ ?
맹 메라-우라•-ㄴ 끼- 뿌슈띠• 까하-ㅇ 까르 사끄따-(사끄띠-) 후-ㅇ

❾ हवाई अड्डा का पहली मंजिल के मुख्य टर्मिनल में एअर लाइन्स पर जाइए ।
하와-이- 앗다•- 까- 뻬흘리- 만질 께 무캬 따•르미날 멩 에야르 라-인쓰 빠르 자이에

빠르게 찾고 쉽게 말하는 여행회화! 여러분의 여행을 보다 즐겁고 편안하게 만들어 드립니다!!

✚ 기내용 관련 단어들!

기장	कप्तान	꺕따-ㄴ
여승무원	एअर स्टुअर्ड	에아르 쓰뚜•아르드•
남승무원	एअर होस्टेस	에아르 호쓰떼•쓰
객실	कैबिन	깨빈
비상구	आपात्ती द्वार	아-빳띠- 드와-르
화장실	शौचालय	쇼우짜-ㄹ라에
호출 버튼	बुलाने का बटन	불라-네 까- 바딴•
이어폰	कर्णफोन	까르나•폰
멀미주머니	उड्डयन अस्वस्थता बैग	
		웃다•얀 아쓰와쓰타따- 백
구명동의	रक्षा जाकेट	락샤• 자-께뜨•
산소마스크	आक्सीजन मुखावरण	
		아-ㄱ씨-잔 무카-바란•
기내선반	कैबिन ताक	깨빈 따-ㄲ
독서등	पढ़ने की बत्ती	빠르•네 끼- 밧띠-
모포	कम्बल	깜발
안전벨트착용	सीट की पेटी बॉधिए।	
		씨-뜨• 끼- 뻬띠•- 바-ㅇ디•에
금연	धुम्रपान निषेध है।	
		두•므르라빠-ㄴ 니셰•드• 해

✚ 주요 안내 표현!

| 비어 있음 | खाली | 칼-리- |

3. 출발! -기내에서-

사용중	अधिकृत 아디*까뜨
좌석으로 돌아가시오	सीट को लौटना 씨-트• 꼬 로우뜨•나-
먹는물 아님	पीने का पानी नहीं है । 삐-네 까- 빠-니- 나히-o 해
문을 잠그시오	कृपया द्वार बन्द कीजिए । 끄리빠야- 두와-르 반드 끼-지예
담배버리지 말것	सिगरेट फैंकना मना है । 씨가레뜨*• 펭끄나 마나- 해
화장실내 금연	शौचालय में धुम्रपान निषेध है । 쇼우짜-ㄹ라에 멩 두무라빠-ㄴ 니셰•드* 해
버튼을 누르시오	बटन दबाइए 바딴• 다바-이예
변기물을 내리시오	शौचालय का पानी बहा दीजिए । 쇼우짜-라에 까- 빠-니- 바하- 디-지예
화장지만 버릴것	केवल शौच का कागज फेंकना 께왈 쇼우쯔 까- 까-가즈 펭끄나- कृपया बटन दबाइए । 끄리빠야- 바딴• 다바-이예
전기면도기 콘센트	बिजली उस्तरा का निकास 비즐리- 우쓰따라- 까- 니까-쓰
비상용 버튼	आपत्ति बटन 아-빳띠- 바딴•

빠르게 찾고 쉽게 말하는 여행회화! 여러분의 여행을 보다 즐겁고 편안하게 만들어 드립니다!!

환승 관련 단어들!

통과여객	परागमन यात्री	빠라-가만 야-뜨리-
통과패스	परागमन पास	빠라-가만 빠-쓰
통과패스	परागमन कार्ड	빠라-가만 까-르드•
비행기	हवाई जहाज़	하와이- 자하-즈
대합실	प्रतिक्षालय	쁘라띠ㄱ샤•-라에
입국카드	अवतरण कार्ड	아바따란• 까-르드•
입국사증	प्रवेश वीजा	쁘라베슈 비-자-
탑승장소	पोतारोहण का स्थान	뽀따-로한• 까 스타-ㄴ
목적지	गंतव्य स्थान	간따비야 스타-ㄴ
시내공항터미널	हवाई अड्डा टर्मिनल	하와-이- 앗다•- 타•르미날
환승편	मेलवाली उड़ान	멜와-ㄹ리- 우라•-ㄴ
국제선	अंतराष्ट्रीय एअर-लाइन	안따라-스•뜨•리-야 에아르 라-인
국내선	आंतरिक एअर-लाइन	아-ㄴ따리끄 에아르 라-인
탑승권	बोर्डिंग कार्ड	보르딩•그 까-르드•
항공시간표	एअर लाइन्स समयसारिणी	에아르 라-인쓰 싸마에싸-리니•-
현지시간	स्थानीय समय	쓰타-니-야 싸마에
시차	समय का असमानता	싸마에 까- 아쓰마-ㄴ따-
이륙	उड़ान	우라•-ㄴ
착륙	अवतरण	아바따란•

4. 목적지 도착!

❶ 입국절차 상식!

목적지의 공항에 도착해서 비행기에서 내리면 곧 입국절차를 밟게 됩니다. 입국절차는 출국과 반대의 순으로 진행됩니다. 즉 ⓐ 공항도착, ⓑ **'Arrival'** 이라고 표시된 출구로 나갑니다, ⓒ 검역소를 통과합니다. (보통은 생략됨), ⓓ 입국심사, ⓔ 수하물 찾기, ⓕ 세관검사, ⓖ 입국완료의 순으로 진행됩니다. 좀 더 세부적으로 소개하면 다음과 같습니다.

❷ 입국심사!

입국심사는 **'Immigration'** 또는 **'Passport Control'**이라고 표시된 곳에 가서 **'Foreigner'**라고 써있는 곳에 줄을 섭니다. 여행자가 여권, 입국 신고서, 세관 신고서, 귀국용 항공권을

입국심사의 모든 것!

제시하면 심사원은 여권확인과 함께 스탬프를 찍고 입국카드 확인부분을 여권에 넣어 다시 돌려 주는데, 이렇게 하면 입국심사가 완료됩니다. 보통은 입국경위나 체재지, 체재기간 등을 묻지 않으므로 심사절차가 간단하게 마무리 됩니다.

 ❸ 수하물 찾기!

입국심사를 마치면 '수하물 찾는곳'(**baggage or luggage claim area**)으로 갑니다. 찾을 짐이 많으면 짐수레(**cart**)를 준비해 탁송된 짐이 실려 나오는 콘베이어 앞에서 기다립니다. (비슷한 가방이 많기 때문에 이름을 반드시 확인할 것) 국제공항에는 수하물 찾는 곳이 여러 곳이므로, 본인이 이용했던 항공편 표시등 아래로 찾아

가야만 착오가 없습니다. 수하물이 나오는 시간은 보통 30분 정도 걸리며, 착륙 비행기가 많을 경우에 1시간 넘게 걸리는 때도 있습니다. 자신의 짐이 발견되면 수하물 인환증(**claim tag**)의 번호와 짐 번호를 확인하도록 하며, 만약 짐이 나오지 않을 경우에는 항공사 직원에게 협조를 구하도록 합니다. 분실신고는 화물도착 후 4시간 이내에 해야 합니다.

 ❹ 세관통관 상식!

짐을 찾으면 마지막 통관문인 세관검사대(**Customs**)로

4. 목적지 도착! -입국심사-

갑니다. 순서가 되기 전에 모든 짐의 자물쇠를 풀어 세관원이 쉽게 열어 볼 수 있도록 준비합니다. 기내에서 작성한 세관 신고서와 여권을 세관원에게 제시하면 이를 토대로 짐을 조사하는데, 주로 검색하는 품목은 과세 대상품입니다. 그러므로 과세 대상품에 속하는 귀금속, 사치품, 고급 카메라 등은 정확하게 신고해야 합니다. 만일 신고를 하지 않거나 신고액이 실제와 다를 경우 법적 제재를 당할 수도 있습니다. 혹시 입국시 과세되는 물품이 있다면 세관창고에 맡겼다가 출국때 찾아가도록 하십시오. 이것을 본드(**Bond**)라고 하는데, 반드시 보관증을 받고 출국 때에는 공항의 항공사 카운터에서 본드 하물이 있음을 알리고 찾아 가도록 합니다. 또한 미화 2500달러 이상을 소지할 경우에도 세관에 신고를 해야하는데 입국시 외환신고를 하지 않고 출국시에 10,000달러 이상을 휴대하는 경우, 인도에서 번 돈으로 추정하고 세금을 부과합니다.

➕ 도착로비의 이용

세관검사가 끝나면 모든 입국 절차가 끝이 납니다. 그대로 출구를 나오면 거기가 도착 로비가 됩니다. 도착 로비에는 환전소(**Bank Exchange / Change / Cambio / Wechsel** 등의 표지가 붙어 있음)가 있으므로 현지 통화의 현금이 필요한 분은 반드시 여기서 버스비, 택시비에 필요한 현금을 환전하도록 합니다. 도착 로비에는 관광안내소(**Information**), 호텔 예약카운터(**Hotel Reservation**), 렌트카 회사(**Rent a car**), 공중전화(**Pay Phone**)나 자동판매기(**Vending Machine**), 화장실(**Restroom**) 등이 있으므로 이를 이용하실 수 있습니다.

빠르게 찾고 쉽게 말하는 여행회화! 여러분의 여행을 보다 즐겁고 편안하게 만들어 드립니다!!

① 입국심사대에서 1.

❶ 입국심사대는 어디에 있습니까?

❷ 여권 좀 보여 주시겠습니까?

❸ 검역증명서도 보여주세요.

❹ 방문 목적은 무엇입니까?

❺ 휴가차 왔습니다. | 사업차 왔습니다.

❻ 여동생을 방문하러 왔습니다.

❼ 인도 방문이 처음이십니까?

❽ 네, 이번이 처음입니다.

❾ 인도에 얼마 동안 체류하십니까?

4. 목적지 도착! -입국심사-

❶ आप्रवास केन्द्र कहाँ है ?
아-쁘라바-쓰 껜드라 까하 -ㅇ 해

❷ आपका पारपत्र दिखाऐंगे/दिखाऐंगी/ ?
아-쁘까- 빠-르빠뜨르 디카-엥게(디카-엥기-)

❸ टीके लगने का प्रमाण पत्र दिखाइए ।
띠*-께 라그네- 까- 쁘라마-ㄴ* 빠뜨르 디카-이에

❹ आप यहाँ क्यों आए/आई/ हैं ?
아-쁘 야하-ㅇ 꾜-ㅇ 아-에(아-이-) 해-ㅇ

❺ छुट्टियों में घूमने के लिए । उध्याम के लिए ।
춧띠*용 멩 구*-ㅁ네 께 리에 우댜*-ㅁ 께 리-에

❻ मेरी छोटी बहन मिलने के लिए आया/आई/ हूँ ।
메리- 초띠*- 베헨 밀르네 께 리에 아-야-(아-이-) 후-ㅇ

❼ क्या आप पहले भारत आए/आई/ हैं ?
꺄- 아-쁘 뻬흘레 바*-라뜨 아-에(아-이-) 해-ㅇ

❽ जी हाँ, मैं पहले आया/आई/ हूँ ।
지- 하- 맹 뻬흘레 아-야-(아-이-) 후-ㅇ

❾ आप भारत में कितने दिन ठहरेंगे/ठहरेंगी/ ?
아-쁘 바*-라뜨 멩 끼뜨네 딘 테*흐렝게(테*흐렝기-)

❷ 입국심사대에서 2.

❿ 30일입니다. / 3달 정도입니다.

⓫ 최종 목적지는 어디입니까?

⓬ 델리입니다.

⓭ 델리 어디에서 머무르실 겁니까?

⓮ 타즈마할 호텔에 머물 예정입니다.

⓯ 돌아갈 항공권을 갖고 계십니까?

⓰ 여기 있습니다.

4. 목적지 도착! -입국심사-

❿ तीस दिन हैं । तीन महीने हैं ।
띠-쓰 딘 해-ㅇ   띠-ㄴ 마히-네 해-ㅇ

⓫ आपका अंतिम गन्तव्य स्थान कहाँ है ?
아-쁘까- 안띰 간따뱌 쓰타-ㄴ 까하-ㅇ 해

⓬ दिल्ली है ।
딜리- 해

⓭ आप दिल्ली में कहाँ ठहरेंगे/ठहरेंगी/ ?
아-쁘 딜리- 멩 까하-ㅇ 테•흐렝게(테•흐렝기-)

⓮ ताज महल होटल में ठहरेंगा/ठहरेंगी/ ।
따-즈 마할 호딸• 멩 테•흐렝가-(테흐렝기-)

⓯ क्या आपके साथ वापसी एअर लाइन्स टिकट है ?
꺄- 아-쁘께 싸-트 와-빠씨- 에아르 라-인쓰 띠•까뜨• 해

⓰ यह है ।
예 흐 해

빠르게 찾고 쉽게 말하는 여행회화! 여러분의 여행을 보다 즐겁고 편안하게 만들어 드립니다!!

❸ 수하물 찾기!

❶ 실례합니다만, 수하물 찾는 곳은 어디입니까?

❷ 수하물 찾는 곳은 저쪽입니다.

❸ 갈색가방이 제 것입니다.

❹ 나머지를 찾을 수가 없습니다.

❺ 분실물 신고소는 어디입니까?

❻ 실례합니다만, 제 가방을 찾을 수 없습니다.

❼ 제 짐을 찾을 수 있게 도와주시겠습니까?

❽ 그러죠. 수하물 인환증 가지고 계시죠?

❾ 이것이 저의 수하물 인환증입니다.

4. 목적지 도착! -입국심사-

① माफ़ कीजिए, सामान दवा का स्थान कहाँ है ?
마-프 끼-지에, 싸-마-ㄴ 다와 까 쓰타-ㄴ 까하-ㅇ 해

② सामान दवा का स्थान वहाँ है ।
싸-마-ㄴ 다와- 까- 쓰타-ㄴ 와하-ㅇ 해

③ भूरा बैग मेरा है ।
부˚라- 백 메라- 해

④ खोए वस्तुएँ का घोषण स्थान कहाँ है ?
코에 바쓰뚜엥 까- 고˚샨˚ 쓰타-ㄴ 까하-ㅇ 해

⑤ माफ़ कीजिए, मैं मेरा बैग खोजकर नहीं पाया/पायी/ ।
마-프 끼-지예, 맹 메라- 백 코즈까르 나히-ㅇ 빠야-(빠-이-)

⑥ मेरा सामान खोजने में आग मेरी मदद करूँ ?
메라- 싸-마-ㄴ 코즈네 맹 아-쁘 메리- 마닷드 까루-ㅇ

⑦ क्या आप मेरी वस्तुएँ पाने के लिए मदद करेंगे/करेंगी/ ?
꺄- 아-쁘 메리- 와쓰뚜엥 빠-네 께 리예 마다드 까렝게(까렝기-)

⑧ ज़रूर । क्या आप के पास आपका सामान के लिए दवा टैग है ?
자루-르 꺄- 아-쁘 께 빠-쓰 아-쁘까- 싸-마-ㄴ 께 리에 다와- 태˚그 해

⑨ दवा टैग यह है ।
다와- 때˚그 예흐 해

④ 세관심사!

❶ 특별히 신고하실 것이 있습니까?

❷ 신고할 것이 없습니다.

❸ 신고할 것이 있습니다.

❹ 친구에게 줄 시계가 있습니다.

❺ 저는 위스키 두 병을 갖고 있습니다.

❻ 이것들은 모두 개인 소지품입니다.

❼ 이 카메라는 내가 사용하는 것입니다.

❽ 이 가방 좀 열어 주시겠습니까?

❾ 이 짐들을 보세창고에 맡겨 주십시오.

4. 목적지 도착! -입국심사-

❶ आपके पास घोषण करने के लिए कुछ विशेष है ?
아-쁘께 빠-쓰 고°산• 까르네 께 리예 꾸츠 비셰샤• 해

❷ मेरे पास घोषण करने के लिए कुछ नहीं ।
메레 빠-쓰 고°산• 까르네 께 리예 꾸츠 나히-o

❸ मेरे पास घोषण करने के लिए कुछ है ।
메레 빠-쓰 고°산• 까르네 께 리에 꾸츠 해

❹ मेरे के पास मित्र देने के लिए घड़ी है ।
메레 께 빠-쓰 미트르 데네 께 리에 가°리- 해

❺ मेरे पास दो बोतल व्हिस्की हैं ।
메레 빠-쓰 도 보딸 브히쓰끼- 해-o

❻ ये सब निजी सामान है ।
예 사브 니지- 싸-마-ㄴ 행

❼ इस कैमेरा /मेरी/ प्रयोजन के लिए है ।
이쓰 깨메라- (메리-) 쁘라요잔 께 리예 해

❽ आप इस बैग खुल सकते/सकती/ हैं ?
아-쁘 이쓰 백 쿨 싸끄떼(싸끄띠-) 행

❾ कृपया इस सामान बंधक मालगोदम में रखिए ।
끄리빠야- 이쓰 싸-마-ㄴ 반다°끄 마-르고담 멩 라키예

❺ 공항 여행안내소

❶ 관광안내소는 어디 있습니까?

❷ 유스호스텔이 현재 개장중입니까?

❸ 민박이 있습니까?

❹ 여기서 호텔을 예약하고 싶습니다.

❺ 근처의 괜찮은 호텔을 추천해주시겠습니까?

❻ 여행자를 위한 호텔에 묵고 싶습니다.

❼ 호텔까지 어떻게 갑니까?

❽ 시내로 가는 버스가 있습니까?

❾ 버스 정류장은 어디 있습니까?

4. 목적지 도착! -입국심사-

❶ पर्यटन कार्यालय कहाँ है ?
빠르야딴 까-르야-라에 까하-ㅇ 해

❷ क्या यूथ होस्टल आजकल खुला है ?
꺄- 유-트 호스딸 아-즈깔 쿨라- 해

❸ क्या मैं गैर-सरकारी-किराया निवास सेवा मिल सकता/सकती/ हूँ ?
꺄- 맹 개르- 싸르까-리- 끼라-야- 니바-쓰 쎄와-
밀 싸끄따-(싸끄띠-) 후-ㅇ

❹ यहाँ-होटल कमरा का रेज़र्वेशन चाहिए ।
야하-ㅇ 호딸 까므라- 까- 레자르베샨 짜-히예

❺ आप आसपास में ही मुझे अच्छा होटल सलाह देंगे/देंगी/ ?
아-쁘 아-쓰빠-쓰 멩 히- 무제 앗차- 호딸
쌀라-흐 뎅게(뎅기-)

❻ मैं टूरिस्ट कक्षा के होटल में ठहरना चहता/चहती/ हूँ ।
맹 뚜-리스뜨 깍샤- 께- 호딸 멩 테흐르나-
짜흐따-(짜흐띠-) 후-ㅇ

❼ मुझे होटल को कैसे जाना है ?
무제 호딸 꼬 깨쎄 자-나- 해

❽ नगर के लिए बस मिलेगी ?
나가르 께 리예 바쓰 밀렝기-

❾ बस स्टाप कहाँ है ?
바쓰 스따-쁘 까하-ㅇ 해

빠르게 찾고 쉽게 말하는 여행회화! 여러분의 여행을 보다 즐겁고 편안하게 만들어 드립니다!!

입국 관련 단어들!

이민관리	आप्रवास दफ़्तर	아-쁘라와-쓰 다프따르
여행자	यात्री	야-뜨리-
관광	पर्यटन	빠르야딴•
사업	उद्यम	우디얌
연수	पढ़ाई	빠라°•-이-
회의	सम्मेलन	삼멜란
왕복표	वापसी टिकट	와-빠씨- 띠•까뜨•
유실물 신고소	दवा स्थान	다와- 쓰타-ㄴ
수하물 신고	सामान वापसी स्थान	싸-마-ㄴ 와-빠씨- 쓰타-ㄴ
짐수레	सामान गाड़ी	싸-마-ㄴ 가-리•-
세관직원	कस्टम ऑफ़िसर	까쓰땀• 아-ㅇ피싸르
신고하다	क्लिअर करना	끌리아르 까르나-
개인소유물	वैयक्तिक संपात्ति	배약띠끄 상빠-ㅅ띠
신변용품	निजी सामान	니지- 싸-마-ㄴ
선물	भेंट	벤°뜨•
약	दवा	다와-
반입금지품	निषेध के वस्तुएँ	니셰•드° 께 와쓰뚜엥
면세품	शुल्क मुक्त वस्तुएँ	슐끄 묵따 바쓰뚜엥
관세법	कस्टम ड्यूटी	까쓰땀• 듀•-띠•-
식물검사	पौधा का निरीक्षण	뽀우다°- 까- 니리-ㄱ샨•

5. 호텔의 이용!

❶ 숙박시설의 종류!

인도의 숙박시설은 가격대에 따라 매우 다양한 종류가 있습니다. 샤워실과 화장실을 공동으로 사용하는 도미토리부터 특급 호텔에 이르기까지 가격과 시설면에서 천차만별입니다. 따라서 현지의 숙소를 정할 때 가장 중요한 사항으로는 교통이 편리한지, 시설은 낙후되지 않았는지, 가격은 적당한지가 되겠습니다. 가격을 흥정할 때에는 방을 우선 둘러보고 난 후 정하도록 하며, 이용시에는 열쇠로 잠궈서 분실 사고를 미연에 방지하도록 합니다.

● 호텔
인도의 호텔은 우리나라처럼 등급이 매겨져 있습니다. 보통 별 2개짜리의 호텔의 경우 배낭 여행자에게 부담이 안되는 가격대이므로 이용해 볼 만하며, 별 3개짜리 호텔의 식당도

빠르고 찾고 쉽게 말하는 여행회화! 여러분의 여행을 보다 즐겁고 편안하게 만들어 드립니다!!

호텔은 이렇게 이용!

식사비가 그다지 비싸지 않고 맛있으므로 가끔씩 가보도록 합니다.

● 게스트 하우스
인도에 가장 많이 있는 숙박시설로서 지역과 관광 시즌에 따라 가격이 차이가 납니다. 호텔보다 저렴하므로 온수사용이 불가하거나 에어컨 시설이 안 되어 있는 곳이 많습니다.

● 유스호스텔
배낭 여행자에게 있어서 가격면에서 정말 부담이 안 되는 숙박시설로서 유럽의 유스호스텔과는 달리 유스호스텔 회원이 아니더라도 이용할 수 있습니다.

● 절(사원)
대표적인 불교 도시인 보드가야, 다람살라에는 각 국의 절들이 있어서 이곳에서 숙박을 해결할 수도 있습니다. 요금은 무료이거나 기부금 형태로 받고 있으므로 이 지역을 여행할 때에 이용해 보도록 합니다.

● 하우스 보트
인도 북부 카시미르 지방의 호반 도시인 스리나가르에만 있는 숙박 형태로 보트 안에 방이 있는 것인데, 이색적인 경험이 될 수 있을 것입니다.

 ❷ 호텔의 이용!

로비의 접수부를 프론트 데스크(**front desk**)라고 하는데, 체크인(**check in** : 숙박절차)은 프론트 데스크에서 합니다. 예약이 되어 있을 경우는 이름을 말하시고 예약확인서(바우쳐)를 제시하면 직원은 예약리스트(**reservation list**) 또는 예약카드(**reservation card**)를 조회한 후, 숙박신고서 기재를 요구할 것입니다. 숙박신고서에는 보통 이름(**name**), 주소(**address**), 직업(**occupation**), 도착일(**arrival date**), 출발일

5. 호텔의 이용!

(**departure date**), 여권번호(**passport number**)등을 기재하게 되어 있습니다.

호텔의 숙박료는 하루, 즉 24시간 단위로 받습니다. 통상 정오에서 다음날 정오까지를 일박으로 계산하며, 이때가 이른바 체크아웃 타임(**check-out time**)입니다. 호텔계산서에는 숙박한 일수, 룸서비스를 이용해 드신 것의 요금, 식사대(호텔의 레스토랑 또는 바에서 사인한 청구서 등), 호텔에서 외부에 건 전화요금, 세탁료 등이 계산되는데, 계산액이 정확히 맞는지 다시 한번 확인해 봅니다.

✚ 호텔의 이런 저런 서비스!

호텔에서는 편리한 룸서비스를 받을 수 있습니다. 전화로 교환원에게 '**Room service, please.**' (룸서비스를 부탁합니다.)라고 말하면 바로 룸시비스계로 이어집니다. 룸서비스는 식사배달에서 소프트 드링크(**soft drinks**)와 하드 드링크(**hard drinks**)를 주문할 수 있습니다. 룸서비스를 이용하면 주문한 것의 10% 정도를 룸서비스 차쥐(**Room service charge**)로 지불하며, 룸서비스맨에게는 별도의 팁을 지불해야 합니다. 그밖에 세탁, 수선서비스와 구두를 닦아 달라고 요구할 수도 있습니다. 방청소와 관련해서는 호텔 방문 손잡이에 달려있는 **sign**(사인-팻말)을 '**Make up please.**' (방청소를 해주시오.) 쪽으로 놓으시면 방청소가 이루어질 것입니다. 이를 위해 약간의 팁을 테이블 위에 놓고 나가는 것이 좋은데 약 3~5달러 정도 놓으면 무난합니다. 방을 그대로 두고 싶으시면 '**Do not disturb.**' (깨우지 마시오.) 쪽으로 팻말을 걸고 나가시면 됩니다.

❶ 체크인(예약시)

❶ 제 짐을 안으로 날라다 주세요.

❷ 이 호텔의 프론트 데스크는 어디입니까?

❸ 제 이름은 이영수입니다.

❹ 저는 예약을 했습니다.

❺ 이 숙박신고서를 기재해 주십시요.

❻ 지불은 현금과 카드, 어떻게 하시겠습니까?

❼ 비자카드를 사용하겠습니다.

❽ 현금으로 하겠습니다.

❾ 짐은 이것이 전부이십니까?

5. 호텔의 이용!

❶ आप मेरा सामान अन्दर लाएँगे/लाएँगी/ ?
   아-쁘 메라- 싸-마-ㄴ 안다르 라-엥게(라엥기-)

❷ इस होटल का रिसैप्शन कहाँ है ?
   이쓰 호딸˚ 까- 리쌥샨 까하-ㅇ 해

❸ मेरा नाम ई योंगसू है ।
   메라 나-ㅁ 이(-) 용그쑤- 해

❹ मैंने रेजर्वेशन दिया ।
   맹네 레자르베샨 디야-

❺ इस पंजीकरण-प्रपत्र भरना चाहिए ।
   이쓰 빤지-까란˚ 쁘라빠뜨르 바˚르나- 짜-히에

❻ कैसे पैसे दें, कैश या क्रेडिट कार्ड ?
   께쎄 빼쎄 뎅, 깨슈 야- 끄레디˚뜨˚ 까-르드˚

❼ वीजा क्रेडिट कार्ड ।
   비-자- 끄레디˚뜨˚ 까-르드˚

❽ कैश से ।
   깨슈 쎄

❾ यह सब आपका सामान है ?
   예흐 싸브 아-쁘까- 싸-마-ㄴ 해

빠르게 찾고 쉽게 말하는 여행회화! 여러분의 여행을 보다 즐겁고 편안하게 만들어 드립니다!!

❷ 체크인(미예약) 1.

❶ 빈방이 있습니까?

❷ 예약은 못 했습니다.

❸ 다른 호텔을 추천해주시겠습니까?

❹ 더블룸으로 드릴까요, 싱글룸으로 드릴까요?

❺ 싱글룸을 부탁합니다.

❻ 일주일 동안 묵을 생각입니다.

❼ 욕실(샤워실)이 있는 방을 원합니다.

❽ 조용한 방으로 주세요.

❾ 전망 좋은 방을 부탁합니다.

5. 호텔의 이용!

① कमरा खाली है ?
까므라- 칼-리- 해

② मैं रेज़र्वेशन नहीं दिया/दी/ ।
맹 레자르베샨 나히-ㅇ 디야-(디-)

③ आप दुसरा होटल बोल सकूँ ?
아-쁘 두쓰라- 호딸• 볼 싸꾸-ㅇ

④ कौन-सा कमरा चाहिए, सिंगल या डब्ल ?
꼰-싸- 까므라- 짜-히예, 씽갈 야- 다•블

⑤ सिंगल कमरा चाहिए ।
싱갈 까므라- 짜-히예

⑥ मैं एक हफ्ते के लिए ठहरूँगा/ठहरूँगी/ ।
맹 에끄 합쁘뜨 께 리에 테•헤루-ㅇ가(테호루-ㅇ기-)

⑦ गुसलखाने का कमरा चाहिए ।
구쌀카-네 까- 까므라- 짜-히예

⑧ शांत कमरा दीजिए ।
샨-뜨 까므라- 디-지예

⑨ अच्छी दृष्टि का कमरा चाहिए ।
앗치- 드리스띠• 까- 까므라- 짜-히예

❸ 체크인(미예약) 2.

⑩ 싸고 깨끗한 방을 부탁합니다.

⑪ 1박에 얼마입니까?

⑫ 아침 식사가 포함되어 있습니까?

⑬ 세금과 봉사료가 포함되어 있습니까?

⑭ 더 싼 방은 없습니까?

⑮ 지금 곧 방을 사용할 수 있습니까?

⑯ 체크아웃은 언제입니까?

⑰ 방을 보여 주시겠습니까?

⑱ 이 방으로 하겠습니다.

5. होटल의 이용!

❿ कृपया सस्ता और साफ कमरा दीजिए ।
끄리빠야- 싸스따- 오우르 싸-프 까므라- 디-지예

⓫ एक रात के लिए कितने है ?
에끄 라-뜨 께 리예 끼뜨네 해

⓬ नाश्ता समेते है ?
나-슈따- 사마떼 해

⓭ शुल्क और कमरा कक्षा सेवा समेते हैं ?
슐끄 오우르 까므라- 깍샤-・쎄와- 싸마떼 행

⓮ और सस्ता कमरा है ?
오우르 싸쓰따- 까므라- 해

⓯ मैं अभी कमरा प्रवेश करूँ ?
맹 아비・- 까므라- 쁘라베슈 까루-o

⓰ पटल अदायगी का समय कब है ?
빠딸・ 아다-야기- 까- 싸마에 까브 해

⓱ क्या मैं कमरा देख सकता/सकती/ हूँ ?
꺄- 맹 까므라- 데크 싸끄따-(싸끄띠-) 후-o・

⓲ मुझे इस कमरा दीजिए ।
무제 이쓰 까므라- 디-지예

④ 객실의 이용!

❶ 냉방장치는 어떻게 조절합니까?

❷ 식당은 몇 시에 엽니까?

❸ 내 방에서 아침식사를 할 수 있습니까?

❹ 비상구는 어디에 있습니까?

❺ 더운 물이 나오지 않습니다.

❻ 잠깐만 기다려주세요.

❼ 비누(수건)가 없습니다.

5. 호텔의 이용!

❶ आप एअरकंडीशनर को कैसे संचालन करते/करती/ हैं ?
아-쁘 에아르 깐디˚-샨나˚르 꼬 깨쎄 싼짜-르란 까르떼(까르띠-) 해

❷ कितने बजे भोजन कक्ष खुला है ?
까뜨네 바제 보˚잔 깍샤˚ 쿨라- 해

❸ मेरे कमरे में नाश्ता कर सकता/सकती/ हूँ ?
메레 까므레 멩 나-슈따- 까르 싸끄따-(싸끄띠-) 후-ㅇ

❹ आपत्ती द्वार कहाँ है ?
아-빳띠- 드와-르 까하-ㅇ 해

❺ गरम पानी नहीं आ रहा है ।
가람 빠-니- 나히-ㅇ 아- 라하- 해

❻ एक मिनट ।
에끄 미나뜨˚

❼ साबुन /तौलिया/ नहीं है ।
싸-분 (또울리야-) 나히-ㅇ 해

❺ 룸서비스의 이용

❶ 룸서비스는 어떻게 부릅니까?

❷ 룸서비스 부탁합니다.

❸ 스크램블 에그 두 개와 커피를 부탁합니다.

❹ 방 번호를 가르쳐 주세요.

❺ 여긴 305호실입니다.

❻ 7시 30분에 모닝콜 좀 부탁드릴게요.

❼ 주문한 아침식사가 아직도 오지 않았습니다.

❽ 따끈한 음료수 한 잔 가져다 주세요.

❾ 얼음과 물을 좀 가져다 주십시오.

5. 호텔의 이용!

❶ कक्षीय सेवा कैसे बुलाना है ?
   깍시ㆍ야 쎄와- 깨쎄 불라-나- 해

❷ कक्षीय सेवा चाहिए ।
   깍시-야 쎄와- 짜-히예

❸ दो स्क्रैम्बॅल्ड अंडे और काफ़ी चाहिए ।
   도 쓰끄램발드ㆍ 안데ㆍ 오우르 까-피- 짜-히예

❹ कमरा नम्बर बताइए ।
   까므라- 남바르 바따-이예

❺ यह कमरा नम्बर तीन सौ पॉच है ।
   예흐 까므라- 남바르 띠-ㄴ 소우 빠-ㅇ쯔 해

❻ सवेरे साढ़े सात को जगा दीजिए ।
   싸베레 사-레ㆍ 싸-뜨 꼬 자가- 디-지예

❼ आर्दरड नाश्ता अभी तक नहीं आया ।
   아-르다라드ㆍ 나-슈따- 아비ㆍ- 따끄 나히-ㅇ 아-야-

❽ एक गिलास गरम दिर्ंक लाइए ।
   에끄 길라-쓰 가람 드링끄 라-이예

❾ बर्फ और पानी लाइए ।
   바르프 오우르 빠-니- 라-이예

빠르게 찾고 쉽게 말하는 여행회화! 여러분의 여행을 보다 즐겁고 편안하게 만들어 드립니다!!

❻ 프론트의 이용 1.

❶ 제 열쇠를 주십시오.

❷ 내 방 자물쇠가 고장났습니다.

❸ 방에 열쇠를 놓아둔 채 문을 닫았습니다.

❹ 방을 바꾸고 싶습니다.

❺ 이 방은 너무 시끄럽습니다.

❻ 귀중품을 맡아 주시겠습니까?

❼ 이 짐을 좀 보관해 주시겠습니까?

❽ 제 짐을 다시 찾고 싶습니다.

❾ 제게 온 편지는 없습니까?

5. 호텔의 이용!

❶ मेरा चाबी दीजिए ।
메라- 짜-비- 디-지예

❷ मेरे कमरे का ताला खराब हो गया है ।
메레 까므레 까- 딸-라- 카라-ㅂ 호 가야- 해

❸ चाबी अन्दर रख कर दरवाजा बन्द किया ।
짜-비- 안다르 라크 까르 다르와-자- 반드 끼야-

❹ मैं कमरा बदल चाहती हूँ ।
맹 까므라- 바달 짜-흐띠- 후-ㅇ

❺ इस कमरे में बहुत शोर सुनाई देता है ।
이쓰 까므레 멩 바후뜨 쇼르 수나-이- 데따- 해

❻ मेरी बहु मूल्य वस्तुएँ आपके पास सुरक्षित रखिए ।
메리- 바후 무-르랴 와쓰뚜엥 아-쁘께 빠-쓰 수락시•뜨 라키예

❼ इस सामान आपके पास रख दूँ ?
이쓰 싸-마-ㄴ 아-쁘께 빠-쓰 라크 두-ㅇ

❽ मेरा सामान वापस लेना चाहता हूँ ।
메라- 싸-마-ㄴ 와-빠쓰 레나- 짜-흐따- 후-ㅇ

❾ क्या मेरे लिए कोई चिट्ठी है ?
꺄- 메레 리예 꼬이- 칫띠•- 해

7 프론트의 이용 2.

❿ 제게 남겨진 메모는 없습니까?

⓫ 이 편지를 항공편으로 부쳐 주십시오.

⓬ 식당은 어디에 있습니까?

⓭ 아침식사는 몇 시에 들 수 있습니까?

⓮ 이 호텔의 주소를 알려 주십시요.

⓯ 하루 더 묵고 싶습니다.

⓰ 하루 일찍 떠나고 싶습니다.

5. 호텔의 이용!

❿ क्या मेरे लिए कोई संदेश है ?
까- 메레 리예 꼬이 산데슈 해

⓫ इस चिट्ठी को हवाई डाक से भेज दीजिए ।
이쓰 티*- 꼬 하와-이- 다-끄 쎄 베*즈 디-지예

⓬ भोजन कक्ष कहाँ है ?
보*잔 깍샤* 까하-ㅇ 해

⓭ कितने बजे नाश्ता कर सकता/सकती/ हूँ ?
끼뜨네 바제 나-슈따- 까르 싸끄따-(싸끄띠-) 후-ㅇ

⓮ इस होटल का पता दीजिए ।
이쓰 호딸* 까- 빠따- 디-지예

⓯ मैं एक दिन और रहना चाहिए ।
맹 에끄 딘 오우르 레흐나- 짜-히예

⓰ मैं एक दिन पहले छोड़ चाहता/चाहती/ हूँ
맹 에끄 딘 뻬흘레 초르* 짜-흐따-(짜-흐띠-) 후-ㅇ

빠르게 찾고 쉽게 말하는 여행회화! 여러분의 여행을 보다 즐겁고 편안하게 만들어 드립니다!!

❽ 호텔식당의 이용

❶ 식당은 몇 층에 있습니까?

❷ 무엇을 주문하시겠습니까?

❸ 미국식 아침식사 주십시오.

❹ 계란 후라이와 베이컨을 주세요.

❺ 토스트는 너무 딱딱하지 않게 해주세요.

❻ 물 좀 주시겠습니까?

❼ 카페인 없는 커피 있습니까?

❽ 계산서를 주시겠습니까?

❾ 요금을 숙박비에 포함시켜 주시겠습니까?

5. 호텔의 이용!

❶ मुझे बताएँगे/बताएँगी/ किस मंजिल पर रेस्टोरंट है ?
무제° 바따-엥게(비따엥기-) 끼쓰 만질 빠르
레쓰또°란뜨° 해

❷ आप किसका आर्डर देंगे/देंगी/ ?
아-쁘 끼쓰까- 아-르다°르 뎅게(뎅기-)

❸ अमेरीकन नाश्ता चाहिए ।
아메리-깐 나-슈따- 짜-히예

❹ बैकोन साथ तले अंडे दीजिए ।
배꼰 싸-트 딸레 안데°- 디-지예

❺ टोस्ट रोटी बहुत खस्ता मत बनाइए ।
또°쓰뜨° 로띠°- 바후뜨 카쓰따- 마뜨 바나-이예

❻ पानी देंगे/देंगी/ ।
빠-니- 뎅게(뎅기-)

❼ कैफीन बिना काफी है ?
깨피-ㄴ 비나- 까-피- 해

❽ बिल लाऐंगे/लाऐंगी-/ ?
빌 라-엥게(라-엥기-)

❾ किराया समेत होटल बिल बनाइए ।
끼라-야- 싸메뜨 호딸° 빌 바나-이예

빠르게 찾고 쉽게 말하는 여행회화! 여러분의 여행을 보다 즐겁고 편안하게 만들어 드립니다!!

❾ 체크아웃

❶ 내일 아침 일찍 체크아웃하겠습니다.

❷ 오늘밤 안으로 계산서를 준비해 주세요.

❸ 짐을 가지고 내려갈 사람을 보내주세요.

❹ 지금 체크아웃하고 싶습니다.

❺ 숙박비가 어떻게 되죠?

❻ 527호의 김진수입니다.

❼ 여행자수표 받습니까?

❽ 여기 제 방 열쇠입니다.

❾ 제 짐은 내려왔습니까?

5. 호텔의 이용!

❶ मैं कल सुबह जल्दी चेक-आउट करूँगा/करूँगी/ ।
맹 깔 수베흐 잘디- 쩨끄 아-우뜨• 까루-ㅇ가-(가루-ㅇ기-)

❷ इस रात तक बिल तैयार कीजिए ।
이쓰 라-뜨 따끄 빌 때야-르 끼-지예

❸ कृपया मेरे सामान लेने के लिए एक आदमी और भेजिए ।
끄리빠야 메레 싸-마-ㄴ 레네 께 리예 에끄 아-드미- 오우르 베•지예

❹ अभी चेक-आउट चाहिए ।
아비•- 쩨끄-아-우뜨• 짜-히예

❺ कमरा का किराया कितने है ?
끄므라- 까- 끼라-야- 끼뜨네 해

❻ कमरा संख्य पाॅच सौ सत्तीईस, किम जिन्सू हूँ ।
까므라- 싼캬 빠-ㅇ쯔 소우 싸ㅅ따-이-쓰 낌 진쑤- 후-ㅇ

❼ ट्रैवलर चेक लेंगे/लेंगी/ ।
뜨•래발라르 쩨끄 렝게(렝기-)

❽ यह मेरे कमरे की चाबी है ।
에흐 메레 까므레 끼- 짜-비- 해

❾ क्या मेरा सामान नीचे आया है ?
꺄- 메라- 싸-마-ㄴ 니-쩨 아-야- 해

❿ 유스호스텔 이용 1.

❶ 유스호스텔로 가는 길 좀 알려주시겠습니까?

❷ 걸어서 얼마나 걸립니까?

❸ 몇 번 버스를 타야합니까?

❹ 여기서 오늘 밤 묵을 수 있습니까?

❺ 오늘 밤 3인용 침대가 있습니까?

❻ 1박에 얼마입니까?

❼ 3일간 머무르고 싶습니다.

❽ 시트를 빌려 주세요.

❾ 아침식사는 얼마입니까?

5. 호텔의 이용!

❶ आप यूथ होस्टल जाने के लिए मार्ग देखाएँगे/दखाएँगी/ ?
   아-쁘 유-트 호스딸° 자-네 께 리예 마-르그
   데카-엥게 (데카-엥기-)

❷ पैदल से कितने समय लगता है ?
   빼달 쎄 끼뜨네 싸마에 라그따- 해

❸ नम्बर का किस बस को चढ़ना हैं ?
   남바르 까- 끼쓰 바쓰 꼬 짜르°나- 행

❹ क्या मैं आज यहाँ ठहर सकता/सकती/ हूँ ?
   꺄- 맹 아-즈 야하-o 테°헤르 싸끄따-(싸끄띠-) 후-o

❺ आपके पास तीन आदमियों के लिए पंलग है ?
   아-쁘께 빠-쓰 띠-ㄴ 아드미용 께 리예 빤라그 해

❻ एक रात के लिए किराया कितने है ?
   에끄 라-뜨 께 리예 끼라-야- 끼뜨네 해

❼ मैं तीन दिन के लिए ठहरना चाहता/चाहती/ हूँ ।
   맹 띠-ㄴ 딘 께 리예 테°흐르나 짜-흐따-(짜-흐띠-) 후-o

❽ बिस्तर शीट आपूर्ति कीजिए ।
   비쓰따르 쉬-뜨° 아-뿌-르띠 끼-지예

❾ नाश्ता के लिए कितने है ?
   나-슈따- 께 리예 끼뜨네 해

⑪ 유스호스텔 이용 2.

❿ 취사를 할 수 있습니까?

⓫ 냄비를 빌려 주세요.

⓬ 짐을 이곳에 놓아도 됩니까?

⓭ 짐은 어디에 맡기면 됩니까?

⓮ 락카는 어디 있습니까?

⓯ 주의해야 할 사항이 있습니까?

⓰ 시내 지도는 있습니까?

5. 호텔의 이용!

❿ क्या मैं अपना खाना बन सकता/सकती/ हूँ ?
꺄- 맹 아쁘나 카-나- 반 싸끄따-(싸끄띠-) 후-ㅇ

⓫ मुझे आपका तवा ले दीजिए ।
무제 아-뿌까- 따와- 레 디-지예

⓬ सामान यहाँ रखूँ ?
싸-마-ㄴ 야하-ㅇ 라쿠-ㅇ

⓭ सामान कहाँ छोड़ना है ?
싸-마-ㄴ 까하-ㅇ 초르나- 해

⓮ लाकर कहाँ है ?
라-까르 까하-ㅇ 해

⓯ कुछ सावधानी चीजें है ?
꾸츠 싸-와다*-니- 찌-젱 해

⓰ आपके पास नगर मानचित्र है ?
아-쁘께 빠-쓰 나가르 마-ㄴ찌뜨르 해

빠르게 찾고 쉽게 말하는 여행회화! 여러분의 여행을 보다 즐겁고 편안하게 만들어 드립니다!!

호텔 관련 단어들!

관광호텔	टूरिस्ट होटल	뚜•-리쓰뜨• 호딸•
관광지호텔	आश्रय होटल	아-슈라야 호딸•
프런트 데스크	रिसेप्शन डेस्क	리쌥샨 데•쓰끄
숙박신고서	रजिस्टर घोषा पत्र	라지쓰따•르 고°샤•- 빠뜨르
지배인	प्रबन्धक	쁘라반다°끄
회계원	रोकड़िया	로끄리•야-
손님	अतिथि	아띠티
손님	ग्राहक	그라-하끄
1인실 침대 한 개	सिंगल पलंग	싱갈 빨랑그
침대 두 개	जोड़ा बिस्तर	조라•-비쓰따르
부부용	डबल पलंग	다•발 빠랑그
전망 좋은 방	अच्छा दृष्टि का कमरा	앗차•- 드리스•띠• 까- 까므라-
조용한 방	शांत कमरा	샨-ㄴ뜨 까므라-
난방	तापन	따-빤
냉난방	एअरकंडीशणर	에아르 깐디•- 샤나•르
방열쇠	कमरे की चाबी	까-므레 끼- 짜•-비-
보조열쇠	अतिरिक्त चाबी	아띠릭뜨 짜-비-
계산서	बिल	빌
영수증	रिसीट	리시-트•
별도요금	अतिरिक्त कीमत	아띠릭뜨 끼-마뜨
귀중품보관소	सुरक्षा डिब्बा	쑤라- ㄱ샤•- 딥바-
메세지함	संदेश डिब्बा	싼데슈 딥바-

5. 호텔의 이용!

욕실	स्नान-गृह	쓰나-ㄴ 그리하
욕조	स्नानटब	쓰나-ㄴ 따•브
샤워	फुहार-स्नान	푸하-르 쓰나-ㄴ
비누	साबुन	싸-분
목욕타월	स्नान तौलिया	쓰나-ㄴ 또울리야-
수건	तौलिया	또울리야-
핸드타월	हाथ तौलिया	하-트 또울리야-
비누수건	धुलाई के तौलिया	둘*라이- 께 또울리야-
화장실	विश्राम कक्ष	비슈라-ㅁ 깎샤•
화장실	शौचालय	쇼우짜-르 라에
휴지	शौच का कागज	쇼우쯔 까- 까-가즈
비상구	आपत्ति द्वार	아-빳띠 드와-르
지하실	तलकक्ष	딸라깍샤
복도	गैलरी	갤라리-
1층	पहला मंजिल	뻬흘라- 만질
1층	निचली मंजिल	니짤리- 만질
2층	दुसरा मंजिल	두쓰라- 만질
엘리베이터	एलिवेटर//लिफ्ट	에리베따•르/리프뜨•
층계	सीढ़ी/सोपन/	씨-리*- (쏘빤)
로비	दालान	다-ㄹ라-ㄴ
행사장	स्वागत-कक्ष	쓰와가뜨- 깍샤
식당	भोजन कक्ष	보*잔 깍샤
커피숍	काफी की दुकान	까-피- 끼- 두까-ㄴ

잠깐! 숙소 정보!

✚ 유스호스텔 정보!

유스호스텔(**Youth hostel**)은 저렴한 숙박비와 깨끗한 시설로 여러 나라를 여행하는 사람에게는 더없이 훌륭한 숙소입니다. (유스호스텔에서는 팁이 없습니다.)
유스호스텔의 이용을 위한 주요규칙으로는 ⓐ 호스텔 내에서는 금주, 금연! ⓑ 시간엄수! (도착은 20:30까지, 출발은 10:00까지, 또 질병이나 날씨가 나쁠 때를 제외하고 10:00~15:00 사이에는 호스텔 안에 체류할 수 없음) ⓒ 같은 호스텔에 3일 이상 숙박불가! 등이 있습니다.
유스호스텔의 소재지, 요금, 개장시간과 휴관일 등을 자세히 수록한 국제유스호스텔핸드북(**International Youth Hostel Handbook**)을 참고하십시오. (핸드북은 유스호스텔연맹에서 구입하실 수 있습니다.)

✚ 호텔에서의 아침식사!

호텔의 아침식사는 보통 미국식과 유럽식의 두가지로 나눌 수 있습니다. **American breakfast**(어메리칸 브렉훠스트)는 토스트에 커피, 오렌지주스, 소세지나 햄 또는 베이컨 등을 주는 것이며, 유럽식 **Continental breakfast**(컨티넨틀 브렉훠스트)는 빵 한 조각과 커피 한 잔만을 제공하는 것을 말합니다. 따라서 아침에도 비교적 식사를 많이 하는 우리 한국사람들에게는 **American breakfast**로 하는 것이 더 나을 것입니다.

6. 식당과 요리!

❶ 인도의 음식문화!

인도는 오랫동안 영국의 통치를 받았었기 때문에 영국식 서양요리가 많이 있습니다. 그래서 관광객의 경우 인도 고유의 음식이 입에 맞지 않을 때, 호텔이나 레스토랑에서 서양요리를 먹으면 되기 때문에 음식이 입에 맞지 않아서 고생할 일은 없습니다. 인도 요리는 매운 향신료를 많이 사용하기 때문에 비교적 매운 편이며 요리의 주종은 카레입니다. 그러나 우리식의 카레라이스와는 다르며 우리처럼 고기와 야채를 같이 넣어서 요리하지 않고 고기나 야채 중에 한가지만을 넣어서 카레 요리를 만듭니다. 주식은 쌀밥과 빵이고, 부식은 육식과 채식으로 나뉘고 콩요리도 많이 있습니다.

빠르게 찾고 쉽게 말하는 여행회화! 여러분의 여행을 보다 즐겁고 편안하게 만들어 드립니다!!

주문과 식사법!

❷ 인도 음식!

● **짜빠띠** : 인도인들이 가장 많이 먹는 것으로 우리의 밥처럼 매일 먹는 음식 중에 하나입니다. 짜빠띠는 밀가루 반죽을 손으로 쳐서 만드는 빵인데 우리의 국 정도에 해당되는 달에 찍어서 먹습니다. 비슷한 종류로 짜빠띠를 기름에 튀긴 것을 푸리라 하고 좀 더 좋은 밀을 발효시켜서 화덕에 구운 것을 난이라 합니다.

● **달** : 콩, 팥, 녹두 등의 잡곡류를 걸쭉해지도록 고은 후 간을 해서 먹는 음식으로 빵을 찍어서 먹습니다.

● **뿔라우** : 향신료를 섞어서 지은 밥으로 우리의 볶음밥과 비슷합니다.

● **비리아니** : 향신료나 너츠를 사용해서 만든 볶음밥으로 뿔라우보다 더 고급요리로서 고급 레스토랑에만 있는 요리이나 우리 입맛에는 잘 안 맞는 음식입니다.

● **이들리** : 쌀가루로 만든 우리의 떡 같은 음식으로 담백한 맛입니다.

● **사브지** : 원래 '사브지'라는 말은 야채를 말하는데 야채를 넣어 만든 카레 요리도 사브지라고 부릅니다. 야채는 여러가지를 넣지 않고 1~2가지만 넣어서 만듭니다.

● **고기요리** : 인도에서는 종교적인 이유로 쇠고기와 돼지고기를 먹지 않으므로 양고기와 닭고기를 이용해서 고기요리를 만듭니다. 종류로는 머튼 코르마, 머튼 마살라, 키마, 도 피아자 등이 있습니다.

● **탈리** : 탈리는 인도어로 '큰 접시'라는 뜻으로 우리식

6. 식당과 요리

의 정식에 해당됩니다. 큰 접시에 짜파티 2~3장과 달, 커리, 디저트인 다히나 라이스 푸딩이 나오는데 양이 많아서 둘이서 1인분을 먹어도 충분합니다.

● **짜이** : 홍차와 우유, 설탕으로 만든 인도인의 차로서 물보다 더 많이 마시는 음료입니다.

● **꺼드와 라씨** : 요구르트로서 꺼드는 요구르트 원액, 라씨는 꺼드에 물을 섞어 음료로 만든 것입니다. 라씨는 플레인, 오렌지, 바나나 등 여러가지 맛이 있습니다.

● **과일** : 인도는 과일 천국이라 불릴만큼 여러 종류의 과일이 생산됩니다. 길거리에도 과일 노점상이 많이 있어서 조금씩 잘라서 팔거나 과일 샐러드를 만들어 팔기도 합니다.

✚ 인도의 거리음식들!

포장마차나 거리의 노점상 등에서 간편하게 즐길 수 있는 거리 음식들을 판매합니다.

● **사모사** : 향신료로 맛을 낸 감자를 삼각형이 되도록 모양을 만들어 밀가루 껍질로 싸서 기름에 튀겨낸 음식인데, 주로 차이 가게나 열차역 등지에서 판매합니다.
● **빠꼬우라** : 양파나 양배추 등의 채소에 마살라 맛의 껍질을 입혀서 튀긴 스낵 종류입니다.
● **알루 초프** : 물에 데쳐서 익힌 감자를 크로켓이나 하트 모양으로 만들어서 철판에서 튀긴 것으로 먹을 때는 매운 맛의 소스를 쳐서 먹습니다.

① 식당의 예약!

❶ 거기 예약이 필요합니까?

❷ 오늘 저녁 4인석을 예약할 수 있습니까?

❸ 알겠습니다. 성함을 말씀해 주세요.

❹ 제 이름은 이입니다.

❺ 몇 분이십니까?

❻ 일행이 여섯 명입니다.

❼ 정장 차림을 해야하나요?

6. 식당과 요리

❶ क्या वहाँ रिजर्वेशन चाहिए ?
꺄- 와하-ㅇ 리자르베샨 짜-히예

❷ क्या आज शाम को चार आदमियों के लिए रिजर्वेशन करवा सकता/सकती/ हूँ ?
꺄- 아-즈 샤-ㅁ 꼬 짜-르 아-드미용 께 리예 리자르베샨 까르와- 싸끄따-(싸끄띠-) 후-ㅇ

❸ ठीक है । आपका नाम बताइए ।
티•-끄 해 아-쁘까- 나-ㅁ 바따-이예

❹ मेरा नाम $ है ।
메라- 나-ㅁ 이- 해

❺ कितने आदमी, श्रीमान जी ?
끼뜨네 아-드미- 슈리-마-ㄴ 지-

❻ छ: आदमी का दल है ।
체흐 아-드미- 까- 달 해

❼ क्या मेरा पोशक औपचारिक एवं सव्तिार होना है ?
꺄- 메라- 뽀샤끄 오우빠짜-리끄 에암 사비쓰따-르 호나- 해

❷ 식당 미예약시!

❶ 안녕하십니까? 몇 분이시죠?

❷ 세 명입니다.

❸ 잠시 여기서 기다려 주십시오.

❹ 창가 쪽 좌석으로 해주세요.

❺ 좌석이 생길 때까지 기다려도 되겠습니까?

❻ 얼마나 기다려야 합니까?

❼ 테이블이 마련되어 있습니다.

6. 식당과 요리

❶ नमस्ते । कितने आदमी, श्रीमान जी ?
나마쓰떼 기뜨네 아-드미- 쉬리마-ㄴ지-

❷ तीन आदमी है ।
띠-ㄴ 아-드미- 해

❸ एक मिनट यहाँ रुकिए ।
에끄 미나뜨* 야하-ㅇ 루끼예

❹ खिड़की सीठ दीजिए ।
끼르끼- 씨-트* 디-지예

❺ क्या मैं मेज मिलने के लिए प्रतीक्षा करूँ ?
꺄- 맹 메즈 밀르네 께 리에 쁘라띠-ㄱ샤*- 까루-ㅇ

❻ कितने समय प्रतीक्षा करना है ?
끼뜨네 사마에 쁘라띠-ㄱ샤- 까르나- 해

❼ अभी आपके लिए मेज तैयार है ।
아비*- 아-쁘께 리예 메즈 때야-르 해

❸ 식사의 주문!

❶ 메뉴를 보여 주십시오.

❷ 이것으로 주세요.

❸ 뭐 추천할 만한 음식이 있습니까?

❹ 오늘의 특별요리는 무엇입니까?

❺ 나는 바닷가재 요리를 먹겠어요.

❻ 정식을 먹겠습니다.

❼ 가벼운 걸로 하겠습니다.

❽ 스테이크를 어떻게 익혀드릴까요?

❾ 반쯤 익혀주세요.

6. 식당과 요리

❶ मेन्यू दिखाइए ।
   멘유- 디카- 이예

❷ यह दीजिए ।
   예흐 디-지예

❸ सलाह देने योग्य खाना कुछ है ?
   살라-흐 데네 요기야 카-나- 꾸츠 해

❹ आज का विशेष पकवान क्या है ?
   아-즈 까- 비셰샤• 빠끄와-ㄴ 꺄- 해

❺ समुद्री झींगा पकवान चाहिए ।
   사무드리- 지°-ㄴ가- 빠끄와-ㄴ 짜-히예

❻ मेरे लिए थाली लाइए ।
   메레 리예 타-ㄹ리- 라-이예

❼ हलका खाना चाहिए ।
   할까- 카-나- 짜-히예

❽ मांस की टिकीया कैसे पकवान चाहिए ?
   마-ㅁ쓰 끼- 띠•끼-야- 께쎄 빠까와-나 짜-히예

❾ यह मध्य स्थान तक अधपका होना चाहिए ।
   예흐 마댜° 쓰타-ㄴ 따끄 아다°빠까- 호나-
   짜-히예

④ 주문의 선택 1.

❶ 수프로 주세요.

❷ 샐러드로 주세요.

❸ 어떤 드레싱을 좋아하십니까?

❹ 어떤 종류들이 있는데요?

❺ 싸우전드 아일랜드를 주세요.

❻ 블루치즈로 하겠습니다.

❼ 감자는 어떤 것으로 드시겠어요?

❽ 싸모싸로 주세요.

❾ 구운 감자로 주세요.

6. 식당과 요리

① सूप चाहिए ।
쑤-쁘 짜-히예

② सलाद चाहिए ।
쌀라-드 짜-히예

③ आपको कौन-सा ड्रेसिंग पसंद है ?
아-쁘꼬 꼬운-싸- 드•레씽그 빠싼드 해

④ आपके पास किस प्रकार है ?
아-쁘께 빠-쓰 끼쓰 쁘라까-르 해

⑤ थाउजन्ड आईलैंड दीजिए ।
따-우잔드• 아-이랜드• 디-지예

⑥ नीला पनीर चाहिए ।
니-ㄹ라- 빠니-르 짜-히예

⑦ आपको किस प्रकार का आलू चाहिए ?
아-쁘꼬 끼쓰 쁘라까-르 까- 알-루- 짜-히예

⑧ समोसा दीजिए ।
싸모싸- 디-지예

⑨ संक्या आलू चाहिए ।
싼까야- 알-루- 짜-히예

❺ 주문의 선택 2.

❿ 디저트는 무엇으로 드시겠습니까?

⓫ 바닐라 아이스크림으로 주세요.

⓬ 홍차로 주세요.

⓭ 맛있게 드세요.

⓮ 더 주문할 것이 있습니까?

⓯ 커피를 더 드시겠어요?

⓰ 네, 부탁합니다.

6. 식당과 요리

❿ डिजर्ट के लिए क्या चाहिए ?
    디자르뜨• 께 리예 꺄- 짜-히예

⓫ वैनिला आइसक्रीम चाहिए ।
    배닐라- 아-이쓰끄리-ㅁ 짜-히예

⓬ लाल चाय दीजिए ।
    라-르 짜-에 디-지예

⓭ स्वाद लीजिए ।
    쓰와-드 리-지예

⓮ क्या और आर्डर चाहिए ?
    꺄- 오우르 아-르다•르 짜-히예

⓯ काफी और कुछ पीएंगे/पीएँगी/ ?
    까-피- 오우르 꾸츠 삐-엥게(삐-엥기-)

⓰ जी हाँ, दीजिए ।
    지- 하-ㅇ, 디-지예

빠르게 찾고 쉽게 말하는 여행회화! 여러분의 여행을 보다 즐겁고 편안하게 만들어 드립니다!!

⑥ 식사시의 표현!

❶ 주문한 요리가 아직 안 나왔습니다.

❷ 이것은 내가 주문한 것이 아닙니다.

❸ 이 요리는 어떻게 먹는 거죠?

❹ 스푼을 떨어뜨렸습니다.

❺ 소금을 건네주세요.

❻ 물 좀 주세요.

❼ 빵을 조금 더 주세요.

6. 식당과 요리

❶ आर्डर दिया खाना अब भी नहीं लाया ।
아-르다•르 디야- 카-나- 아비 비*나히-ㅇ 라-야-

❷ यह नहीं हैं, जो मैंने आर्डर दिया/दी/ ।
예흐 나히-ㅇ 해, 조 맹네 아-르다•르 디야-(디-)

❸ कैसे इस खाना खाएँ ?
께쎄 이쓰 카-나- 카-엥

❹ मैंने चम्मच गिराया/गिरायी/ ।
맹네 짬마쯔 기라-야-(기라-이-)

❺ नमक यहाँ पर दीजिए ।
나-마끄 야하-ㅇ 빠르 디-지예

❻ पानी दीजिए ।
빠-니- 디-지예

❼ रोटी कुछ और दीजिए ।
로띠•- 꾸츠 오우르 디-지예

❼ 식당을 찾을 때!

❶ 무엇을 좀 먹고 싶습니다.

❷ 근처에 맛있는 레스토랑이 있습니까?

❸ 이 지방의 명물 요리를 먹고 싶습니다.

❹ 나는 프랑스 요리를 먹고 싶습니다.

❺ 이 근처에 중국 음식점은 없습니까?

❻ 중국 음식점으로 갑시다.

❼ 이 자리에 앉아도 됩니까?

❽ 메뉴를 보여 주세요.

❾ 영어 메뉴가 있습니까?

6. 식당과 요리

❶ मैं कुछ खाना चाहता/चाहती/ हूँ ।
맹 꾸즈 카-나- 짜-흐따-(짜-흐띠-) 후-ㅇ

❷ यहाँ आसपास अच्छा रेस्टोरंट कहाँ है ?
야하-ㅇ 아-쓰빠-쓰 앗차- 레쓰또•란뜨• 까하-ㅇ 해

❸ खाने के लिए इस स्थान की सब से अच्छा पकवान क्या है ?
카-네 께 리예 이쓰 쓰타-ㄴ 끼- 싸브 쎄
앗차- 빠끄와-ㄴ 꺄- 해

❹ मैं फ़ार्सीसी पकवान खाने वाला हूँ ?
맹 파-르씨씨- 빠끄와-ㄴ 카-네 와-ㄹ라- 후-ㅇ

❺ यहाँ आसपास चीनी रेस्टोरंट है ?
야하-ㅇ 아-쓰빠-쓰 찌-니- 레쓰또•란뜨• 해

❻ चीनी रेस्टोरंट को चलिए ।
찌-ㄴ 레쓰또•란뜨• 꼬 짜-ㄹ리예

❼ क्या मैं इस सीठ पर बैठूँ ?
꺄- 맹 이쓰 씨-트• 빠르 배투•-ㅇ

❽ मुझे मेन्यू दिखाइए ।
무제• 멘유- 디카-이예

❾ क्या अंग्रेजी मेन्यू है ?
꺄- 앙그레지- 멘유- 해

빠르게 찾고 쉽게 말하는 여행회화! 여러분의 여행을 보다 즐겁고 편안하게 만들어 드립니다!!

❽ 패스트푸드점

❶ 빅맥 햄버거와 콜라 중간 것 하나 주세요.

❷ 햄 샌드위치 하나와 오렌지 주스를 주세요.

❸ 토핑은 무엇으로 하시겠습니까?

❹ 멸치만 빼고 다른 건 다 올려주세요.

❺ 후식은 어떤 것을 드릴까요?

❻ 커피로 하겠어요.

❼ 더 주문하실 것은 없으십니까?

❽ 네, 그게 다예요.

❾ 여기서 드실건가요, 가지고 가실건가요?

6. 식당과 요리

① बीगमैग हैमबर्ग और मध्य कोला एक दीजिए ।
 버그 매그 햄바르그 오우르 마댜° 꼴라- 에끄 디-지에

② एक हैम् सैन्डविच और संतरा जूस चाहिए ।
 에끄 햄 샌드•위쯔 오우르 싼뜨라- 주-쓰 짜-히에

③ अन्तिम रंगाई के लिए क्या चाहिए ?
 안띰 랑가-이- 께 리에 꺄- 짜-히에

④ छोटे मछलियों को छोड़ते हए सब उपर रखिए ।
 초떼• 마찰리용 꼬 초르떼 후에 싸브 우빠르 라키에

⑤ डिज़र्ट के लिए क्या चाहिए ?
 디•자르뜨• 께 리에 꺄- 짜-히에

⑥ काफ़ी दीजिए ।
 까-피- 디-지에

⑦ कुछ और चाहिए ?
 꾸츠 오으르 짜-히에

⑧ जी हाँ, बस ।
 지- 하- 바쓰

⑨ यहाँ खाएंगे/खाएंगी/ या ले जाएंगे/जाएंगी/ ?
 야하-ㅇ 카-엥게(카-엥기-) 야- 레 자-엥게
 (자-엥기-)

❾ 식사비의 계산!

❶ 계산서 부탁합니다.

❷ 계산서에 봉사료까지 포함되어 있습니까?

❸ 각자 냅시다.

❹ 내가 지불하겠습니다.

❺ 선불입니까?

❻ 비자카드를 받나요?

❼ 거스름 돈이 틀립니다.

6. 식당과 요리

❶ बिल चाहिए ।
빌 짜-히예

❷ क्या सेवा खर्च समेत बिल बनाया है ?
꺄- 세와- 카르쯔 싸마떼 빌 바나-야- 해

❸ अपना खाना को अपना पैसा दीजिए ।
아쁘나- 카-나- 꼬 아쁘나- 빼샤- 디-지예

❹ मैं सब के लिए पैसा दूँगा/दूँगी/ ।
맹 싸브 께 리예 빼싸- 두-ㅇ가-(두-ㅇ기-)

❺ खाने के पहले पैसा दें ?
카-네 께 뻬흘레 빼싸- 뎅

❻ आप विज़ा कार्ड लेंगे/लेंगी/ ।
아-쁘 비자- 까-르드˙ 렝게(렝기-)

❼ रेज़गारी गलत है ।
레즈가-리- 갈라뜨 해

식사 관련 단어들!

● 식당 관련 단어표현

식당	रेस्टोरेंट	레쓰또•란뜨•
식사	भोजन	보*잔
주문	आर्डर	아-르다•르•
메뉴	मेन्यू	멘유-
아침식사	नाश्ता	나-슈따-
점심식사	दोपहार का भोजन	도쁘하르 까 보*잔
저녁식사	शाम का भोजन	샤-ㅁ 꺄- 보*잔
양식	यूरोपीय पकवान	유-로뻬-야 빠꾸와-ㄴ
양식	यूरोपीय खाना	유-로뻬-야 카-나
프랑스요리	फार्सीसी पकवान	파르씨씨- 빠꾸와-ㄴ
중국요리	चीनी पकवान	찌-ㄴ이- 빠꾸와-ㄴ
향토음식	स्थानिक भोजन	스타-니끄 보*잔

● 요리 관련 단어표현

식전술	मद्य पेय	마댜야 뻬야
전채요리	मुख्य भोजन के पहले हल्का खाना	
		무캬 보*잔 께 뻬흘레 할까- 카-나-
전채요리	क्षुधावर्धक	끄슈다*-바르다*끄
샐러드	सलाद	쌀라-드
수프	सूप	쑤-쁘

138

# 6. 식당과 요리

맑은 수프	शोरबा	쇼르바-
진한 수프	गाढ़ा शोरबा	가-라*- 쇼르바-
주요리	आंत्रे	아-ㅁ뜨레
주요리	मुख्य भोजन	무캬 보*잔
일품요리	एक भाली	에끄 바*-르리-
밥	भात्	바*-뜨
빵	रोटी	로띠*-
흰빵	सफेद रोटी	싸페드 로띠*-
롤빵	रोल्ड रोटी	롤드* 로띠*-
크라상	अर्द्धचन्द्र रोटी	아르드다*짠드라 로띠*-
오트밀	जई का दलिया	자이- 까- 달리야-
콘프레이크	अनाज का शल्क	아나-즈 까- 샬끄
육류	मांस	마-ㅁ쓰
쇠고기	गो मांस	고 마-ㅁ쓰
스테이크	मांस की टिकिया	마-ㅁ쓰 끼- 띠*끼야-
돼지고기	सूअर का मांस	쑤-아르 까- 마-ㅁ쓰
닭고기	चूजा /चिकिन/	쭈-자- (찌낀)
생선	मुरगी का मांस	무르기- 까- 마-ㅁ쓰
양고기	मछली	마찰리-
해물요리	भेड़ का मांस	벤르* 까- 마-ㅁ쓰
바다가재	समुद्री खाद्य	사무드리- 카-댜
게	समुद्री झींगा	사무드리- 지*-ㄴ가-

빠르게 찾고 쉽게 말하는 여행회화! 여러분의 여행을 보다 즐겁고 편안하게 만들어 드립니다!!

식사 관련 단어들!

작은새우	केकड़ा	께까라•-
참새우	चिंगट	찐가뜨•
조개	झींगा मछली	지°-ㄴ가 마찰리-
굴	सीप	씨-쁘

● 디저트 관련 단어표현

디저트	डिज़र्ट	디자르뜨•
푸딩	पकवान	빠끄와-ㄴ
샤베트	शरबत	샤르바뜨
파이	कचौड़ी	까쪼우리•-
케익	टिकिया	띠•끼야-
아이스크림	आइसक्रीम	아-이쓰끄리-ㅁ
초컬릿	चाकलेट	짜-까레뜨•
커피	काफ़ी	까-피-
아이리쉬 커피	आइरिस काफ़ी	아-이리쓰 까-피-
우유	दूध	두-드°
(뜨거운) 우유	/गरम/ दूध	(가람) 두-드°
코코아	नारियल	나-리얄
홍차	चाय	짜-에
레몬수	नींबू का शरबत	니-ㅁ부- 까 샤르바뜨
소다수	सोडा	쏘다•-
코카콜라	कोला	꼴라

6. 식당과 요리

음료수	पेय	뻬야
음료수	ड्रिंक	드*링끄
과일주스	फलका जूस	팔까- 주-쓰
청량음료수	कोल्ड-ड्रिंक	꼴드* 드*링끄
접시	प्लेट	쁠레뜨*
나이프(칼)	छुरी /चाकू/	추리- (짜-꾸-)
포크	काँटा /फार्क/	깡-o따*- (파*-르끄)
숟가락	चम्मच	짬마쯔
젓가락	चापस्टिक	짜-쁘 쓰띠*끄
냅킨	नैपकिन	내쁘낀
이쑤시개	दांतनी	다-ㄴ뜨니-
재떨이	राखदानी	라-크다-니-

● 기타 식사 관련 단어표현

계산서	बिल	빌
좌석요금	कवर चार्ज	까바르 짜-르즈
서비스요금	सेव खर्च	세와 카르쯔
팁	टिप	띱*
웨이터	वेटर	웨따*르
웨이트레스	वेटि्रस	베뜨*리쓰

⑩ 주점의 이용!

❶ 무엇을 드시겠습니까?

❷ 스카치 위스키에 얼음을 넣어 주세요.

❸ 물을 탄 위스키를 한 잔 부탁합니다.

❹ 와인 리스트를 부탁합니다.

❺ 이 지방의 포도주를 먹겠습니다.

❻ 맥주 주세요.

❼ 실례지만, 어떤 맥주가 있죠?

6. 식당과 요리

1 कौन सा ड्रिंक चाहिए ?
꼬운 싸- 드링끄 짜-히예

2 स्काच शराब में बर्फ़ लगकर दीजिए ।
쓰까-쯔 샤라-브 멩 바르프 라그까르 디-지예

3 स्काच शराब में पानी लगकर एक गिलास चाहिए ।
쓰까-쯔 샤라-브 멩 빠-니- 라그까르 에끄 길라-쓰 짜-히예

4 वाइन लिस्ट चाहिए ।
와-인 리스뜨* 짜-히예

5 इस स्थान का वाइन पीने का मन है ।
이쓰 쓰타-ㄴ 까- 와-인 삐-네 까- 만 해

6 बियर दीजिए ।
비야르 디-지예

7 क्षमा करें, कौन सा बियर है ?
끄샤마- 까렝 꼬운 싸- 비야르 해

주점 관련 단어들!

술집(목로주점)	शराबखाना	샤라-브카-나-
칵테일 라운지	मिश्रित शराब लाउन्ज	미슈리뜨 샤라-브 라-운즈
바(술집)	पान गृह	빠-ㄴ 그리하
맥주홀	बियर हॉल	비야르 하-르
나이트클럽	रात्रि-क्लब	라-뜨리- 끌랍
디스코텍	डिस्कोटेक	디쓰꼬떽•
무도장	नाच कक्ष	나-쯔 깍샤•
입장료	कैवर चार्ज	깨바르 짜-르즈
카바레	कैबरेशाला	깨바레 샤-르라
주류 일람표	वाइन लिस्ट	와-인 리쓰뜨•
포도주	वाइन	와-인
브랜디	ब्रांडी	브라-ㄴ디•
샴페인	शैमपेन	섐 뺀
위스키	विहस्की	위흐스끼-
스카치	स्कॉच शराब	쓰까-츠 샤라-브
버본(위스키)	बुअरबन विहस्की	부아르반 비흐쓰끼-
럼	रूसी शराब	루-씨- 샤라-브
진	जिन	진
테킬라	ठेख्विला	텍• 빌라-
맥주	बियर	비야르
캔맥주	डिब्बाबंद बियर	딥바-반드 비야르
생맥주	मूल बियर	물 비야르
칵테일	मिश्रित शराब	미슈리뜨 샤라-브

7. 쇼핑용 회화!

 ❶ 쇼핑 요령!

쇼핑은 미리 목록을 작성해서 하는 것이 좋습니다. 산지와 상점가의 위치도 미리 조사해 두도록 합니다. 구매물품에 대한 정보, 그러니까 어느 점포가 싸다든지, 어느 곳에서 좋은 물건을 살 수 있는 지 등에 대해서도 미리 조사를 해 둡니다.

빠르게 찾고 쉽게 말하는 여행회화! 여러분의 여행을 보다 즐겁고 편안하게 만들어 드립니다!!

쇼핑 노하우!!!

❷ 면세점의 이용!

양주, 담배, 향수 등은 공항의 면세점(**Duty Free Store**)에서 사는 것이 경제적입니다. 면세점에서 산 물품은 배송되어 항공기 탑승구에서 받으실 수 있습니다. 시중 면세점에서 물건을 살 때는 여권을 제시해야 하며, 공항 면세점에서는 탑승권을 보여 주어야 합니다.

❸ 부가가치세 환불!

관광객을 많이 유치하기 위해 대부분의 상점들이 외국 여행객에 대해 부가가치세를 환불해 주거나 면세해줍니다. 이런 혜택을 받기 위해서는 구매 직전 외국 관광객임을 미리 밝히고, 면세신청서를 작성해 점원에게 제출합니다. 이렇게 하면 출국시 환불수속을 거쳐 환불받을 수 있습니다.

❹ 유용한 쇼핑법!

가장 권장할 만한 쇼핑법으로 시장이나 주말공터에서 열리는 벼룩시장이 있습니다. 우리의 장터같은 정겨움을 느낄 수 있고, 값싸게 구매할 수 있다는 것 외에도 지역의 문화가 담겨 있는 진귀한 물건들을 한자리에서 만날 수 있어 더 없이 훌륭한 쇼핑장소라고 하겠습니다. 벼룩시장 정보는 여행안내소의 안내지나 지역신문

7. 쇼핑용 회화

에 날짜가 공고가 되며, 주말에는 길거리에도 전단이 붙어 있어 장소를 쉽게 알 수 있습니다.

✚ 인도의 특산품!

홍차
아쌈홍차는 히말라야 남부에서 아쌈 고원에 이르는 세계 최대의 차 산지에서 재배되는 홍차로서 몬순 기후의 영향으로 황색아의 함량이 많고 형태가 일정합니다. 쓴 맛, 떫은 맛이 강하므로 우유와 블렌딩하기에 좋은 차입니다. 다즐링은 세계 3대 홍차 중에 하나로서 뱅갈주 북단 히말라야 산맥의 2300m 고지에서 생산됩니다. 다즐링은 1년에 3 번 수확하는데 시기에 따라 first flush, second flush, utumnal로 나뉘어지며 그 중 제일 처음 수확하는 first flush가 가장 비쌉니다.

헤나
트리트먼트 효과가 있는 천연 염모제인 헤나는 인도산을 최고로 꼽습니다. 특히 인도 북서부의 라자스탄산 헤나는 최고의 재배조건으로 인도내에서도 가장 우수한 제품으로 인정받고 있습니다.

사리
인도 여성의 전통 의상으로서 바라나시가 사리옷을 만드는 실크로 유명합니다. 가격은 25달러에서 500달러까지 다양합니다.

카페트
라자스탄 지방이 유명한데 자이푸르 지역에서 살 수 있으며, 가격은 크기와 무늬의 섬세함에 따라 다릅니다.

빠르게 찾고 쉽게 말하는 여행회화! 여러분의 여행을 보다 즐겁고 편안하게 만들어 드립니다!!

① 쇼핑하는 법! 1.

❶ 이 거리에는 상가가 어디쯤 있습니까?

❷ 그냥 아이쇼핑하는 거예요.

❸ 이것과 같은 것이 있습니까?

❹ 저것 좀 보여 주세요.

❺ 이건 뭐 하는데 쓰는 거지요?

❻ 이것은 남성용입니까?

❼ 좀 더 좋은 것은 없습니까?

❽ 입어 봐도 될까요?

❾ 신어 봐도 될까요?

7. 쇼핑용 회화

❶ इस रास्ता में चांदमारी कहाँ है ?
이쓰 라-쓰따- 멩 짜-ㄴ드마-리- 까하-ㅇ 해

❷ केवल देखने के लिए ।
께왈 데크네 께 리예

❸ आपके पास कुछ है, जैसे इस प्रकार का ?
아-쁘께 빠-쓰 꾸츠 해 제쌔 이쓰 쁘라까-르 까-

❹ क्या मैं उसको देख सकता/सकती/ हूँ ?
꺄- 맹 우쓰꼬 데크 싸끄따-(싸끄띠-) 후-ㅇ

❺ यह क्या करने के लिए है ?
예흐 꺄- 까르네 께 리예 해

❻ क्या यह पुरुष के लिए है ?
꺄- 예흐 뿌르슈˙ 께 리예 해

❼ क्या इस से ज्यादा अच्छा का नहीं है ?
꺄- 이쓰 쎄 쟈-다- 앗짜- 까- 나히-ㅇ 해

❽ क्या मैं इस को पेहनकर देखूँ ?
꺄- 맹 이쓰 꼬 뻬한까르 데쿠-ㅇ

❾ क्या मैं इस जूता पेहनकर देखूँ ?
꺄- 맹 이쓰 주따- 뻬한까르 데쿵

❷ 쇼핑하는 법! 2.

❿ 좀 더 큰 것은 없습니까?

⓫ 영업시간은 몇 시부터 몇 시까지입니까?

⓬ 이거 더 적은 사이즈 있습니까?

⓭ 허리 둘레가 너무 꽉 낍니다. (헐렁합니다)

⓮ 기장이 너무 깁니다. (짧습니다)

⓯ 다른 색상은 없나요?

⓰ 어떤 색상이 저에게 더 잘 어울려 보이나요?

7. 쇼핑용 회화

❿ इससे ज्यादा बढ़ा का कुछ है ?
이쓰쎄 쟈-다- 바라*•- 까- 꾸츠 해

⓫ दुकान का कार्य समय क्या है ?
두까-ㄴ 까- 까-리야 사마에 꺄- 해

⓬ इसका छोटा साइज है ?
이쓰까- 초따*- 싸-이즈 해

⓭ कमर पर बहुत तंग /ढीला/ है ।
까마르 빠르 바후뜨 땅그 (디-ㄹ라-) 해

⓮ यह बहुत लंबा /छोटा/ है ।
예흐 바후뜨 람바- (초따*-) 해

⓯ क्या इसका कुछ और रंग नहीं है ?
꺄- 이쓰까- 꾸즈 오우르 랑그 나히-ㅇ 해

⓰ मेरे लिए किस रंग और अच्छे दिखाई देता है ?
메레 리예 끼쓰 랑그 오우르 앗체 디카-이-데따- 해

빠르게 찾고 쉽게 말하는 여행회화! 여러분의 여행을 보다 즐겁고 편안하게 만들어 드립니다!!

❸ 물건값을 낼 때!

❶ 좋습니다. 이것으로 주세요.

❷ 전부 합해서 얼마입니까?

❸ 너무 비쌉니다.

❹ 보다 싼 것은 없습니까?

❺ 조금만 더 싸게 해주시겠어요?

❻ 어떻게 지불하시겠습니까?

❼ 크레디트 카드를 받습니까?

7. 쇼핑용 회화

1 अच्छा है । इसको दीजिए ।
앗차- 해 이쓰꼬 디-지예

2 सब मिलाकर कितने पैसे हुए ?
싸브 밀라-까르 끼뜨네 빼쎄 후에

3 यह बहुत महँगा है ।
예흐 바후뜨 메헹가- 해

4 इस से ज्यादा सस्ता का है ?
이쓰 쎄 쟈-다- 싸쓰따- 까- 해

5 थोड़ा और कम कर दीजिए ।
토라•- 오우르 깜 까르 디-지예

6 किस प्रकार से आप पैसे देंगे/देंगी/ ?
끼쓰 쁘라까-르 쎄 아-쁘 빼쎄 뎅게(뎅기-)

7 क्रेडिट कार्ड लेंगे ?
끄레디•뜨• 까-르드• 렝게

빠르게 찾고 쉽게 말하는 여행회화! 여러분의 여행을 보다 즐겁고 편안하게 만들어 드립니다!!

❹ 백화점 쇼핑!

❶ 실례합니다.

❷ 면도 후에 바르는 로션은 어디에 있습니까?

❸ 장갑은 어디에서 살 수 있습니까?

❹ 이 두 개의 차이점이 뭔가요?

❺ 이것 두 개의 가격은 얼마입니까?

❻ 이것은 40불이고 저것은 30불입니다.

❼ 이 제품 흰색으로 있습니까?

❽ 탈의실은 어디입니까?

❾ 다른 것을 보여주실 수 있습니까?

7. 쇼핑용 회화

❶ क्षमा कीजिए ।
  크샤*마- 끼-지예

❷ हजामत का लोशन कहाँ है ?
  하자-마뜨 까- 로샨 까하- 해

❸ दास्ताना कहाँ मिलेगा/मिलेगी/ ?
  다-쓰따-나- 까하-ㅇ 밀레가-(밀레기-)

❹ इन दोनों का भेद क्या है ?
  인 도농 까- 베*드 꺄- 해

❺ इन दोनों का दाम क्या है ?
  인 도농 까- 다-ㅁ 꺄- 해

❻ यह चालिस डालर और वह तीस डालर हैं ?
  예흐 짜-ㄹ리쓰 다-ㄹ*라르 오우르 보흐 띠-쓰 다*-ㄹ라르 행

❼ इस उत्पाद का कुछ सफेद है ?
  이쓰 우뜨빠-드 까- 꾸츠 싸페드 해

❽ प्रसादन कक्ष कहाँ है ?
  쁘라싸-단 깍*샤 까하-ㅇ 해

❾ मुझे कुछ और दिखाऐंगे/दिखऐंगी/ ?
  무제 꾸츠 오우르 디카-엥게(디카-엥기-)

❺ 면세점 쇼핑!

❶ 면세점은 어디에 있습니까?

❷ 브랜디를 사고 싶습니다.

❸ 말보로 한 갑 주세요.

❹ 여권을 보여 주십시오.

❺ 어떤 상표를 원하십니까?

❻ 얼마까지 면세입니까?

❼ 이것과 저것을 하나씩 주십시오.

7. 쇼핑용 회화

❶ कर-मुक्त दुकान कहाँ है ?
까르 묵뜨 두까-ㄴ 까하-ㅇ 해

❷ ब्रांडी खरीदना चाहिए ।
브라-ㄴ디˚- 카리-드나- 짜-히예

❸ मर्लबोरो का एक केस दीजिए ।
마르라보로 까- 에끄 께쓰 디-지예

❹ आपका पासपोर्ट दिखाइए ।
아-쁘까- 빠-쓰뽀르뜨˚ 디카-이예

❺ आपको किस ब्रैन्ड चाहिए ?
아-쁘꼬- 끼쓰 브랜드˚ 짜-히예

❻ कर-मुक्त होने पर कितने पैरो स्वीकृत किये है ?
까르- 묵뜨 호네 빠르 끼뜨네 빼쎄 쓰위-끄리뜨 끼예 해

❼ इनमेंसे एक और उनमेंसे एक दीजिए ।
인멩쎄 에끄 오우르 운 멩쎄 에끄 디-지예

❻ 기념품점 쇼핑!

❶ 어디에 좋은 기념품점이 있습니까?

❷ 뭐 특별히 찾고 계신 것 있으십니까?

❸ 부모님께 드릴 기념품을 원합니다.

❹ 이 도시의 특산품은 무엇입니까?

❺ 윈도우에 있는 것을 보여 주세요.

❻ 선물포장으로 해주시겠습니까?

❼ 한국으로 부쳐주실 수 있습니까?

7. 쇼핑용 회화

❶ अच्छा सूवनियर दुकान कहाँ है ?
앗차- 쑤-바니야르 두까-ㄴ 까하-ㅇ 해

❷ क्या आप विशेषत: कुछ खोज रहे हैं ?
꺄- 아-쁘 비셰샤따흐 꾸츠 코즈 라헤 행

❸ मेरे मॉ-बाप के लिए सूवनियर चाहिए ।
메레 마-ㅇ바-쁘 께 리에 쑤-바니야르 짜-히에

❹ इस नगर की खास उपज क्या है ?
이쓰 나가르 끼- 카-쓰 우빠즈 꺄- 해

❺ पदर्शन-खिड़की वाला दिखाइए ।
빠다르샨-키르˚끼- 와-ㄹ라- 디카-이에

❻ इसके लिए गिफ्ट-पैक करवा देंगे/देंगी/ ?
이쓰께 리에 기뜨뜨˚-빽 까르와- 뎅게(뎅기-)

❼ क्या आप इस को कोरिया भेज कर सकते/सकती/ हैं ?
꺄- 아-쁘 이쓰 꼬 꼬리야- 베˚즈 까르 싸끄떼(싸끄띠-) 행

7 슈퍼마켓 쇼핑!

❶ 실례합니다. 커피를 찾고 있습니다.

❷ 어디에 있는지 말씀해 주시겠어요?

❸ 우유는 어디에 있습니까?

❹ 그 물건은 다 떨어졌습니다.

❺ (쇼핑)백에 넣어주시겠어요?

❻ 종이 백을 드릴까요, 비닐 백을 드릴까요?

❼ 영수증을 주시겠어요?

7. 쇼핑용 회화

❶ क्षमा करें । मैं काफ़ी खोज रहा/रही/ हूँ ।
   끄샤마- 까렝   맹 까-피- 코즈 라하-(라히-) 후-ㅇ

❷ क्या आप बताऐंगे/बताऐंगी-/ कि वह कहाँ हैं ?
   꺄- 아-쁘 바따-엥게(바따-엥기-) 끼 보흐 까하-ㅇ 행

❸ दूध कहाँ देख सकता/सकती/ हूँ ?
   두드˚• 까하-ㅇ 데크 싸끄따-(싸끄띠-) 후-ㅇ

❹ वह भंडार में नहीं है ।
   보흐 반˚다•-르 멩 나히-ㅇ 해

❺ शापिंग बैग में इस को डाल दीजिए ।
   샤핑그 백 멩 이쓰 꼬 다•-르 디-지예

❻ कागज बैग लेंगे या प्लास्टिक ?
   까-가즈 백 렝게 야- 쁠라-쓰띠•끄

❼ रिसीट देंगे ?
   리씨-뜨• 뎅게

쇼핑 관련 단어들!

영업중	खुला	쿨라-
폐점	बन्द	반드
쇼핑몰	दुकान सड़क	두까-ㄴ 사르*끄
기념품점	सूवनियर दुकान	쑤-바니야르 두까-ㄴ
선물가게	भेंट का दुकान	벤*뜨* 까- 두까-ㄴ
민예품점	लोक कफ्ट का दुकान	로끄 끄라푸뜨* 까- 두까-ㄴ
백화점	विभागीय भंडार	비바*-기-야 반*다*-르
바겐세일	रियायती सौदा का बिक्री	리야-야띠- 쏘우다- 까- 비끄리-
가격표	मूल्य सूची	무-르야 쑤-찌-
견본	नमूना	나무-나-
할인	कटौती	까또*우띠-
할인	बट्टा	밧따*-
교환	बदला	바달라-
설명서	व्याख्यात्मक पत्र	브야-캬-뜨마끄 빠뜨르
선물	भेंट	벤*뜨*
선물	उपहार	우쁘하-르
포장하다	पैक करना	빽 까르나-
점원	लिपीक	리삐-끄
남자점원	विक्रेता	비끄레따-
여자점원	विक्रेत्री	비끄레뜨리-
여행자수표	यात्री चेक	야-뜨리- 쩨끄
크레디트카드	क्रेडिट कार्ड	끄레디*뜨* 까-르드*

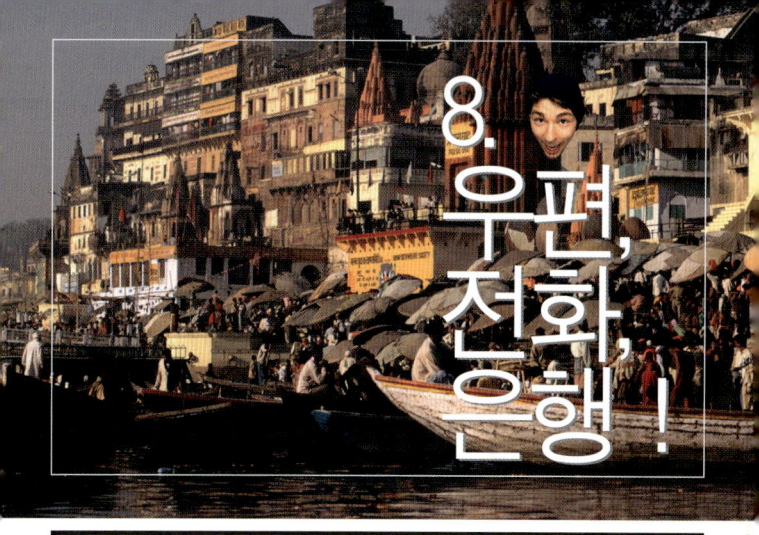

8. 우편, 전화, 은행!

1) 우체국!

❶ 우체국의 이용!

여행중에 고국으로 보내는 엽서나 편지는 남다른 기쁨을 줍니다. 호텔에 숙박 중이라면 방에 비치되어 있는 편지지와 봉투를 이용해서 호텔프론트에 맡기면 됩니다. (후불정산) 우체국에 가면 편지는 물론 소포를 보낼 수 있도록 박스와 소포지, 끈 등이 모두 준비되어 있습니다. 우표는 우체국 외에 호텔의 로비, 약국, 터미널에 설치되어 있는 자동판매기를 이용해 살 수도 있습니다.

우체국과 국제전화!

❷ 우편물 보내기!

편지봉투를 쓰는 법 : 편지봉투를 4분할 했을 때 좌측 상단은 보내는 사람주소, 우측 하단은 받는 사람의 주소를 씁니다. 우편물의 받는 사람 주소는 어느 나라 말로 써도 상관없지만 국가명만은 반드시 영어로 기입합니다. 즉 서울의 집주소를 한글로 써도 상관없지만 국가명만은 우측 제일 하단에 **'SOUTH KOREA'**라고 써주어야 한다는 것입니다. 그리고 우측 상단은 우표를 붙여야 하니까 비워 두고, 좌측 하단은 배달방식 그러니까 항공우편일 경우는 **'AIR MAIL'** 또는 **'PAR AVION'**이라고 쓰거나 스티커를 붙이게 되고, 선편일 경우는 **'SEA MAIL'**이라고 표기합니다. 그리고 기타 속달, 등기, 소포는 직접 가서 우체국 창구를 이용해야 하며, 우편물을 빨리 보내려면 EMS로 보내면 됩니다.

2) 국제전화!

❶ 국제전화 걸기!

국제전화를 걸 때는 먼저 해당국의 시차를 미리 고려해야 하는데, 시차 때문에 너무 늦은 시간이나 너무 일찍 전화하게 되는 경우가 있습니다. 그리고 국제전화를 신청할 때는 반드시 상대방 전화번호, 도시명, 이름 등을 메모한 후, 교환원과 연결이 되면 통화하실 종류를 분명

8. 우편, 전화, 은행!

하게 교환원에게 밝히고, 전화번호는 한자씩 끊어 천천히 불러줍니다.

인도에서 우리나라로 직접 전화를 걸 때에는 영문으로 STD, ISD라고 쓰여 있는 가게에 들어가서 걸면 되는데 비용은 1분에 50 루피 정도입니다. 한국의 서울로 전화를 걸 경우, 0082(국가번호) - 2(서울 지역번호에서 0을 빼고) - 전화번호를 누르면 통화가 가능합니다.

❷ 국제전화 카드!

여행전에 한국에서 미리 전화카드를 준비하거나 휴대폰 로밍써비스를 신청하는 방법도 있습니다. 선불카드의 장점은 우선 저렴하고, 한국어 안내 방송을 들을 수 있다는 것 등입니다. 사용방법은 콜렉트콜처럼 국가별 접속번호를 누른 후 안내방송에 따라 카드번호, 비밀번호, 상대방 전화번호를 차례로 누르면 됩니다. 주요 통신사의 카드로는 한국통신 KT카드(080-2580-161), 데이콤 콜링카드(082-100), 온세통신 후불카드(083-100) 등이 있으며, 신청 즉시 카드번호를 발부받을 수 있습니다.

은행의 이용!

3) 은행의 이용!

❶ 현지에서의 환전!

해당 여행국가에서의 환전은 제일 먼저 도착 공항이나 큰 규모의 중앙역에서 가능하며, 주요 대도시의 시내에는 한국 국적의 은행들이 많이 있기 때문에 이곳을 이용해도 됩니다. 대형 백화점이나 면세점에도 환전소가 있기 때문에 환전에는 크게 어려움이 없습니다. 그러나 호텔이나 고급상점들에서의 환전은 10% 정도 더 손해를 봅니다.

인도 통화의 단위는 루피와 파이사로 1루피는 100파이사 입니다. 지폐는 1, 2, 5, 10, 20, 50, 100 루피, 동전은 1, 2, 3, 5, 10, 20, 25, 50 파이사와 1, 2 루피가 있습니다.

❷ 은행의 업무시간!

인도의 은행은 오전 10시에 문을 열고 12시~1시 30분까지는 점심시간, 그리고 오후 5시면 대부분 영업을 종료하며, 또 공휴일이 많아서 쉬는 날이 많기 때문에 영업 시간을 잘 확인해서 이용에 차질이 없도록 합니다. 또한 1000달러 이상을 소지할 경우에는 입국시 신고를 해서 발급받은 신고서를 가지고 있어야만 환전이 가능하므로 유의하도록 합니다.

8. 우편, 전화, 은행!

❸ 신용카드

현금 외에도 비상시에 사용할 수 있도록 신용카드를 준비해 가는 것이 좋습니다. 신용카드의 장점은 현금을 많이 지니고 다니지 않아도 된다는 것과 고가품을 구입할 때 일시에 부담하지 않아도 된다는 점들을 들 수 있습니다. 해외에서 통용되는 대표적인 신용카드사로는 **Master Card, American Express Card, Diners Club Card, Visa Card** 등이 있습니다. 그러나 상점에 따라 통용되지 않는 카드도 있기 때문에 가장 일반적인 것으로 두 장 정도 준비하는 것이 좋습니다. 신용카드의 해외 사용 한도액은 카드 종류에 따라 다르며 사용한 대금은 2개월 이내에 원화로 갚습니다. 분실에 대비해 카드번호를 따로 기록해 두는 것도 필요합니다.

✚ 환전 시 주의사항

1. 환전 시에 여권이 필요하므로 여권을 지참합니다.
2. 환전시 원하는 단위를 제시하지 않으면 500 루피짜리의 고액권으로 주는 경우가 많으므로 사용하기에 편리한 100 루피짜리로 교환하도록 합니다.
3. 환전한 즉시 액수를 확인하고 찢어진 지폐는 통용이 안되므로 찢어진 지폐가 있는지 확인하도록 합니다. 또한 고가의 물건을 구입할 때나 기차표를 예약할 때 환전 증명서를 요구하는 경우가 있으므로 잘 보관하도록 합니다.

① 우편물 보내기!

❶ 우체국은 어디 있습니까?

❷ 우체통은 어디 있습니까?

❸ 편지를 한국에 항공편으로 보내려 합니다.

❹ 이 그림엽서를 한국으로 보내고 싶습니다.

❺ 항공편으로 부치면 얼마나 걸립니까?

❻ 얼마치의 우표를 붙여야 합니까?

❼ 우편요금은 얼마입니까?

❽ 엽서에 붙이는 항공편 스티커를 주세요.

8. 우편, 전화, 은행!

❶ डाकघर कहाँ है ?
다[•]-끄가[•]르 까하-ㅇ 해

❷ पत्र-पेटी कहाँ है ?
빠뜨르-뻬띠- 까하-ㅇ 해

❸ मैं इस चिट्ठी को हवाई डाक से कोरिया भेजना चाहता/चाहती/ हूँ ।
맹 이쓰 티[•]-꼬 하와-이- 다[•]-끄 쎄 꼬리야-
베[•]즈나- 짜-흐따-(짜-흐띠-) 후-ㅇ

❹ मैं इस चित्रित पोस्ट कार्ड को कोरिया भेजना चाहता/चाहती/ हूँ ।
맹 이쓰 찌뜨리뜨 뽀쓰뜨[•] 까-르드[•] 꼬 꼬리야-
베[•]즈나- 짜-흐따(짜-흐띠-) 후-ㅇ

❺ यह हवाई डाक से भेजने में कितने दिन लगते हैं ?
예호 히외 이- 다[•]-끄 쎄 베[•]즈네 멩 끼뜨네 딘 라그떼 해

❻ कितना डाक टिकट लगेगा ?
끼뜨나- 다[•]-끄 띠[•]까뜨[•] 라게가-

❼ डाक भार कितने पैसे है ?
다[•]-끄 바[•]-르 끼뜨네 빼쎄 해

❽ इन पोस्ट कार्ड के लिए हवाई डाक स्टिकर दीजिए ।
인 뽀쓰뜨[•] 까-르드[•] 께 리예 하와-이- 다[•]-끄
쓰띠[•]까르 디-지예

❷ 소포 보내기!

❶ 이 소포를 보내고 싶습니다.

❷ 소포용 상자가 있습니까?

❸ 소포용으로 포장해 주세요.

❹ 이 소포를 선편으로 부치려 합니다.

❺ 소포 12개를 프랑스로 보내고 싶습니다.

❻ 소포를 보험에 드시겠습니까?

❼ 만일의 경우에 대비해서 보험에 들겠습니다.

8. 우편, 전화, 은행!

❶ इस पार्सल भेजना चाहता/चाहती/ हूँ ।
이쓰 빠-르쌀 베*즈나- 짜-흐따-(짜-흐띠-) 후-ㅇ

❷ पार्सल के लिए डिब्बा मिलेगा ?
빠-르쌀 께 리예 딥바- 밀레가-

❸ आप इस को पार्सल रूप में ढाँक करेंगे/करेंगी/ ?
아-쁘 이쓰 꼬 빠-르쌀 루-쁘 멩 다*-ㅇㄲ 까렝게(까렝기-)

❹ मैं इस पार्सल को जहाज द्वारा भेजना चाहता/चाहती/ हूँ ।
맹 이쓰 빠-르쌀 꼬 자하-즈 드와-라- 베*즈나- 짜-흐따-(짜-흐띠-) 후-ㅇ

❺ बारह पार्सल फ्रां को भेजना चाहिए ।
바-라흐 빠-르쌀 프라-ㄴ쓰 꼬 베*즈나- 짜-히에

❻ आपको इस पार्सल का बीमा कराना है ?
아-쁘꼬 이쓰 빠-르쌀 까- 비-마- 까라-나- 해

❼ आपत्ती में रक्ष करने के लिए मुझे बीमा कराना है ।
아-빳띠- 멩 라ㄲ샤* 까르네 께 리예 무제 비-마- 까라-나- 해

❸ 공중전화 걸기!

❶ 공중전화는 어디에 있습니까?

❷ 전화카드는 어디에서 살 수 있습니까?

❸ 이 전화로 국제전화를 걸 수 있습니까?

❹ 이 전화의 사용법을 가르쳐주시겠습니까?

❺ 한국의 국가번호를 가르쳐주시겠습니까?

❻ 이 번호로 전화하는 법을 가르쳐 주세요.

❼ 도서관은 몇 번으로 전화해야 합니까?

8. 우편, 전화, 은행!

1 सार्वजनिक टैलिफोन कहाँ है ?
사-르바자니끄 땔•리폰 까하-ㅇ 해

2 टैलिफोन कार्ड कहाँ मिलेगा ?
땔•리폰 까-르드• 까하-ㅇ 밀레가-

3 क्या मैं इस फोन से आइएसडी करना सकता/सकती/ हूँ ।
꺄- 맹 이쓰 폰 쎄 아-이에쓰디•- 까르나- 싸끄따-(싸끄띠-) 후-ㅇ

4 क्या आप बताएँगे/बताएँगी/ कि मैं इस फोन का इस्तेमाल कैसे कर सकता/सकती/ हूँ ?
꺄- 아-쁘 바따-엥게(비따-엥기-) 끼 맹 이쓰 폰 까- 이쓰떼마-르 깨쎄 까르 싸끄따-(싸끄띠-) 후-ㅇ

5 कोरिया देश का फोन कोड क्या है ?
꼬리야- 데슈 까- 폰 코드• 꺄- 해

6 सिखाइए कि इस नंबर से कैसे फोन करना ।
시카-이예 끼 이쓰 남바르 쎄 깨쎄 폰 까르나-

7 पुस्तकालय को फोन करने के लिए नंबर क्या है ?
뿌쓰따까-르라에 꼬 폰 까르네 께 리에 남바르 꺄- 해

❹ 전화대화 표현!

❶ 여보세요. 거기가 123-4567입니까?

❷ 전화거신 분은 누구십니까?

❸ 저는 람입니다.

❹ 내선 351번 부탁합니다.

❺ 까말 씨 좀 바꿔 주시겠어요?

❻ 까말 씨는 여기 없습니다.

❼ 미안합니다. 잘못 걸었습니다.

❽ 그(그녀)는 지금 외출중입니다.

❾ 언제쯤 돌아옵니까?

8. उपफ़िन, ट्रांफ़ो, इन्फ्रैया!

❶ हालो, यह एक दो तीन-चार पॉच छ: सात है ?
하-ㄹ로 예흐 에끄 띤- 짜-르 빠-ㅇ쯔 체흐 싸-뜨 해

❷ आप कौन बोल रहे/रही/ है ?
아-쁘 꼬운 볼 라헤(라히-) 해

❸ मैं राम बोल रहा/रही/ हूँ ।
맹 라-ㅁ 볼 라하-(라히-) 후-ㅇ

❹ वर्धन नंबर तीन पॉच एक चाहिए ।
바르단* 남바르 띠-ㄴ 빠-ㅇ쯔 에끄 짜-히에

❺ क्या मैं कमल जी से बात कर सकता/सकती/ हूँ ?
꺄- 맹 까말 지- 쎄 바-뜨 까르 싸끄따-(싸그띠-) 후-ㅇ

❻ कमल जी यहाँ नहीं हैं ।
까말 지- 야하-ㅇ 나히-ㅇ 행

❼ क्षमा करें । गलत नंबर है ।
끄샤*마- 까렝 갈라뜨 남바르 해

❽ वह बाहर गया/गयी/ है ।
보흐 바-하르 가야-(가이-) 해

❾ वह कब वापस करेगा/करेगी/ ?
보흐 까브 와-빠쓰 까레가-(까레기-)

❺ 국제전화 걸기! 1.

❶ 교환입니다. 무엇을 도와드릴까요?

❷ 한국의 서울로 국제통화를 하고 싶습니다.

❸ 잠깐만 기다리세요.

❹ 국제전화 교환원을 연결해 드리겠습니다.

❺ 한국의 서울로 직접 전화할 수 있습니까?

❻ 한국으로 국제전화를 걸고 싶습니다.

❼ 수신자부담으로 해주세요.

❽ 번호를 알려주시겠습니까?

8. उपफ़्रन, पोन्ह्वा, उन्हाएंग!

1 आपरेटर हूँ । आपके लिए क्या करूँ ?
아-쁘레따•르 후-ㅇ   아-쁘께 리예 꺄- 까루-ㅇ

2 मुझे कोरिया सियोउल को आइएसडी करना चाहिए ।
무제° 꼬리야- 씨요울 꼬 아-이에쓰디•- 까르나 짜-히예

3 एक मिनट, होल्द कीजिए ।
에끄 미나뜨• 홀드 끼-지예

4 आइएसडी आपरेटर से मिला दूँगा/दूँगी/ ।
아-이에스디•- 아-빠레따•르 쎄 밀라- 두-ㅇ가-(두-ㅇ기-)

5 क्या मैं कोरिया सियोउल को सीधे फोन कर सकता/सकती/ हूँ ?
꺄- 맹 꼬리야- 씨요울 꼬 씨데° 폰 까르 싸끄따-(싸끄띠-) 후-ㅇ

6 मैं कोरिया को आइएसडी करना चाहता/चाहती/ हूँ ।
맹 꼬리야- 꼬 아-이에쓰디•- 까르나- 짜-흐따-(짜-흐띠-) 후-ㅇ

7 रिवर्स चार्ज वाला फोन चाहिए ।
리바르쓰 짜-르즈 와-ㄹ라- 폰 짜-히예

8 आपका फोन नंबर बताएँगे/बताएँगी/ ।
아-쁘까- 폰 남바르 바따-엥게(바따-엥기-)

빠르게 찾고 쉽게 말하는 여행회화! 여러분의 여행을 보다 즐겁고 편안하게 만들어 드립니다!!

❻ 국제전화 걸기! 2.

❾ 전화번호는 82-2-513-7612입니다.

❿ 성함과 번호를 말씀해 주십시요.

⓫ 제 이름은 김민수입니다.

⓬ 전화번호는 923-5079입니다.

⓭ 김미진 양과 통화하고 싶습니다.

⓮ 전화를 받는 사람은 아무라도 상관없습니다.

⓯ 신청하신 곳이 나왔습니다. 말씀하십시요.

8. 우편, 전화, 은행!

❾ नम्बर आठ दो-दो-पाँच एक तीन-सात छः एक दो है ।
남바르 아-트° 도 도 빠-ㅇ쯔 에끄 띠-ㄴ 싸-뜨
체흐 에끄 도 해

❿ आपका नाम और नम्बर बताइए ।
아-쁘까- 나-ㅁ 오우르 남바르 바따-이예

⓫ मेरा नाम किम मिनसू है ।
메라 나-ㅁ 낌 민쑤- 해

⓬ फोन नंबर नौ दो तीन पाँच शून्य सात नौ है ।
폰 남바르 노우 도 띠-ㄴ 빠-ㅇ쯔 슈-냐 싸-뜨
노우 해

⓭ मुझे कुमारी किम मीजिन से बात करना चाहिए ।
무제 꾸미 리- 낌 미-진 쎄 바-뜨 까르나-
짜-히예

⓮ फोन उठाने वाला कोई हो, यह ठीक होगा ।
폰 우타°-네 와-ㄹ라- 꼬이 호 예흐 티끄 호가-

⓯ आपके प्रार्थना पर फोन आया है । बताइए ।
아-쁘께 쁘라-르트°나- 빠르 폰 아-야- 해
바따-이예

❼ 호텔에서의 전화!

❶ 여보세요, 교환이죠?

❷ 한국으로 장거리전화를 부탁합니다.

❸ 전화번호를 말씀해 주세요.

❹ 콜렉트콜로 서울의 이은숙 양을 부탁합니다.

❺ 전화번호는 서울의 919-2828번입니다.

❻ 선생님의 성함과 룸넘버를 말씀해 주세요.

❼ 저의 이름은 김민수이며 303호실입니다.

❽ 끊지말고 잠시 기다려 주세요.

❾ 알았습니다.

8. 우편, 전화, 은행!

1 हालो, आपरेटर है ?
하-ㄹ로 아-빠레따•르 해

2 मुझे कोरिया को एसटीडी करना चाहिए ।
무제 꼬리야 꼬 에쓰띠•-디•- 까르나- 짜-히예

3 फोन नम्बर बताइए ।
폰 남바르 바따-이예

4 रिवर्स चार्ज वाला फोन से सियोउल में ई एउनसूक मिला दीजिए ।
리바르쓰 짜-르즈 와-르라- 폰 쎄 씨요울 멩 이- 에운쑤-ㄲ 밀라- 디-지예

5 नंबर सियोउल, नौ एक नौ-दो आठ दो आठ है ।
남바르 씨요울 노우 에ㄲ 노우-도 아-트• 도 아-트• 해

6 आपका नाम और कमरा नंबर बताइए ।
아-쁘까- 나-ㅁ 오우르 까므라- 남바르 바-따-이예

7 मेरा नाम किम मिनसू है और कमरा नंबर तीन सौ तीन है ।
메라 나-ㅁ 낌 민쑤- 해 오우르 까므라- 남바르 띠-ㄴ 쏘우 띠-ㄴ 해

8 एक मिनीट, होल्ड कीजिए ।
에ㄲ 미니-뜨• 홀드• 끼-지예

9 ठीक है ।
티•-ㄲ 해

우편|전화 관련 단어!

● 우편 관련 단어표현

우체국	डाकघर	다•-끄가*르
그림엽서	चित्रित पोस्ट कार्ड	찌뜨리뜨 뽀쓰뜨• 까-르드•
우편엽서	पोस्ट कार्ड	뽀스뜨• 까-르드•
항공봉함엽서	वायु-लेख	와-유 레크
편지지	चिट्ठी पैड	칫티•- 빼드•
봉투	लिफ़ाफ़ा	리파-파-
발신인	प्रेषक	쁘레샤•끄
수신인	प्रेषिती	쁘레시•띠-
주소	पता	빠따-
우체통	पत्र पेटी	빠뜨르 뻬띠•-
등기우편	रजिस्टर्ड पोस्ट	라지스따-르드• 뽀쓰뜨•
속달	एक्सप्रेस डाक	엑쓰쁘레쓰 다•-끄
속달	विशेष डाक	비셰샤• 다•-끄
우표	डाक टिकट	다•-끄 띠•까뜨•
항공편	हवाई डाक	하와-이- 다•-끄
선편	समुद्री डाक	사무드리- 다•-끄
항공우편	हवाई डाक द्वारा	하와-이- 다•-끄 드와-라-
항공우편	हवाई डाक से	하와-이- 다•-끄 쎄
소포	पार्सल	빠-르쌀
취급주의	सावधानी से बरताव कीजिए	싸-와다•-니- 쎄 바르따-브 끼-지예

182

8. 우편, 전화, 은행!

● 전화 관련 단어표현

공중전화	सार्वजनिक टैलिफ़ोन
	싸-르바자니끄 땔•리폰
공중전화	किराये का टैलिफ़ोन
	끼라-예 까- 땔•리폰
전화박스	टेलीफ़ोन बूथ	땔•리-폰 부트•
수화기	चोंगा	쪼웅가-
전화번호	फ़ोन नंबर	폰 남바르
다이얼	डायल	다•-얄
구내전화선	वर्धन	바르단•
번호안내	फ़ोन नंबर सूचना	폰 남바르 수-쯔나
보통통화	सामान्य कॉल	싸-마-ㄴ야 까-ㄹ
긴급전화	आवश्यक कॉल	아-바샤-끄 까-ㄹ
시내통화	लोकल कॉल	로낄 까-ㄹ
장거리통화	एसटीडी	에쓰띠•-디•-
국제전화	आइएसडी	아-이에쓰디•-
교환원	आपरेटर	아-빠레따•르
국가번호	देश कोड	데슈 꼬드•
지역번호	लोकल कोड	번호로깔 꼬드•
콜렉트콜	रिवर्स चार्ज का फ़ोन
	리바르쓰 짜-르즈 까 폰
지명통화	आदमी से आदमी को फ़ोन
	아-드미- 쎄 아-드미- 꼬 폰

❽ 은행의 이용!

❶ 여행자수표를 현금으로 바꾸고 싶습니다.

❷ 얼마나 현금으로 바꾸시겠습니까?

❸ 500불입니다.

❹ 여권 좀 보여주시겠습니까?

❺ 네, 여기 여행자 수표도 있습니다.

❻ 수표마다 서명해주시겠어요?

❼ 몇 달러짜리 지폐로 드릴까요?

8. 우편, 전화, 은행!

❶ यात्री चेक को कैश में बदलना चाहिए ।
야-뜨리- 쩨끄 꼬 깨슈 멩 바달르나- 짜-히예

❷ यह कैश में कितने बदलना चाहिए ?
예흐 깨슈 멩 끼뜨네 바달르나- 짜-히예

❸ पाँच सौ डालर है ।
빠-ㅇ쯔 쏘우 다°-ㄹ라르 해

❹ पारपत्र दिखाएँगे/दिखाएँगी/ ?
빠-르빠뜨르 디카-엥게(디카-엥기-)

❺ जी हाँ, यहाँ यात्री चेक भी है ।
지-하-ㅇ 야하-ㅇ 야-뜨리- 쩨끄 비°- 해

❻ हर चेक पर हस्ताक्षर लिखेंगे/लिखेंगी/ ?
하르 쩨끄 빠르 하쓰따-끄샤°르 리켕게(리켕기-)

❼ कितने डालर का नोट चाहिए ?
끼뜨네 다°-ㄹ라르 까- 노뜨° 짜-히예

빠르게 찾고 쉽게 말하는 여행회화! 여러분의 여행을 보다 즐겁고 편안하게 만들어 드립니다!!

❾ 잔돈 바꾸기!

❶ 잔돈 좀 바꾸고 싶습니다.

❷ 이 지폐를 좀 바꾸어 주시겠습니까?

❸ 얼마 바꾸시길 원하세요?

❹ 100불짜리를 잔돈으로 바꿀 수 있을까요?

❺ 어떻게 바꿔드릴까요?

❻ 1불짜리 8장, 25센트 동전 8개를 주세요.

❼ 20달러를 파운드로 교환해 주세요.

8. 우편, 전화, 은행!

① मुझे कुछ रेजगारी को बदलना चाहिए ।
무제 꾸츠 레즈가-리- 꼬 바달르나- 짜-히예

② मेरे लिए इस नोट को बदल देंगे/देंगी/ ?
메레 리예 이쓰 노뜨˚ 꼬 바달 뎅게(뎅기-)

③ आपको कितने बदलना चाहिए ?
아-쁘꼬 끼뜨네 바달르나- 짜-히예

④ क्या मैं एक सौ डालर का नोट को रेजगाड़ी में बदल सकता/सकती/ हूँ ?
꺄- 맹 에끄 소우 다˚-ㄹ라르 까- 노뜨˚ 꼬 레즈가-리- 멩 바달 싸끄따-(싸끄띠-) 후-ㅇ

⑤ आपको कैसे बदलना चाहिए ?
아-쁘꼬 깨쎄 바달르나- 짜-히예

⑥ एक डालर नोट आठ, पच्चीस सेन्ट सिक्का आठ दीजिए ।
에끄 다˚-ㄹ라르 노뜨˚ 아-트˚ 빳찌-쓰 쎈트˚ 씻까- 아-트˚ 디-지예

⑦ बीस डालर को पाउन्ड में बदलना दीजिए ।
비-쓰 다˚-ㄹ라르 꼬 빠-운드˚ 멩 바달르나- 디-지예

은행 관련 단어들!

● 은행 관련 단어표현

환전소	पैसा विनिमय	빼싸 - 비니마야
환전율	विनिमय दर	비니마야 다르
창구	काउन्टर	까-운따•르
잔돈	रेजगारी	레즈가-리-
지폐	नोट	노뜨•
주화	सिक्का	씻까-
여행자수표	यात्री चेक	야-뜨리- 쩨끄
서명	हास्ताक्षर	하-쓰따-끄샤•르
통화	मुद्रा	무드라-
바꾸다	बदलना	바달르나-
달러	डालर	다•-르라르
유로	यूरो	유로
파운드	पाउन्ड	빠-운드•
루피	रूपी	루-삐-

9. 교통수단!

❶ 인도의 항공 정보!

인디아 항공이 델리, 뭄바이, 콜카타, 첸나이의 주요 4개 도시를 운항하며, Jagsons와 Modiluft가 델리와 뭄바이의 동서지역을 운항합니다. 비행기 예약은 시간을 넉넉히 두고 하는 것이 좋으며 탑승 72시간 전에 좌석 재확인을 하도록 합니다. 인도에서는 비행기 탑승 전에 국내선이라 할지라도 몸수색을 하므로 참고하도록 합니다.

교통수단의 이용!

 ❷ 인도의 철도 정보!

가장 안전한 장거리 여행 수단으로 단연 철도를 꼽습니다. 인도는 전국이 철도망으로 연결되어 있어서 철도 노선 길이가 세계 4위입니다. 기차의 종류는 급행과 완행이 있으며 급행은 다시 1등석과 2등석으로 나뉘어집니다. 급행 열차 중 델리와 뭄바이를 운행하는 라자다니 급행열차는 최신의 시설로 이용객에게 편리를 제공합니다. 그리고 급행 2등석의 경우는 소매치기가 많으므로 가급적이면 이용하지 않도록 합니다.

급행 열차에 비해 완행 열차는 시설도 떨어지고 운행시간도 지켜지지 않는다는 문제점이 있습니다. 2시간 정도 연착되는 일이 다반사이고 운행 도중 기차가 멈추기도 합니다. 또한 기차의 각 차량이 연결통로가 없어서 다른 차량으로의 이동이 용이하지 않으며 기차역에서 기차가 어느 플랫폼으로 들어오는지를 미리 알 수가 없어서 기차가 들어오는 것을 보고 뛰어가서 타야 하는 어려움이 있습니다. 우리나라처럼 전광판이 있는 것도 아니고 승무원이나 다른 여행객에게 물어보아도 다들 대답이 다르므로, 외국인의 경우 무거운 짐이 있을 때에는 짐꾼을 불러서 기차가 들어오면 짐꾼을 따라가는 것이 훨씬 편리할 것입니다.

티켓 예약은 힌디어나 영어로 하면 되는데 먼저 기차역에서 철도 타임테이블을 구입한 후 기차 이름과 번호를 확인하도록 합니다. 그리고 신청서에 기차 이름과 기차 번호, 출발 일시와 시간, 장소, 이름을 써서 내면 됩니다. 신청한 내용과 다른 표를 끊어줄 수도 있기 때문에 티켓을 받으면 반드시 위의 사항들을 확인하도록 합니다.

9. 교통수단

인도에서 기차의 이용시 주의사항
1. 티켓에 표기된 출발역을 정확히 확인합니다.
2. 티켓에 표기된 승차 열차 칸을 정확히 확인합니다.
3. 기차가 들어오는 플랫폼을 확인합니다.

 ❸ 인도의 버스 정보!

● 장거리 버스

장거리 버스여행은 철도에 비해 운임이 40~50% 정도 저렴하며 철도노선이 미치지 않는 곳까지 운행되고 운행시간대가 다양하다는 장점이 있습니다. 또한 관광 버스의 경우 영어 가이드가 동승을 하므로 이용이 편리합니다. 보통 장거리 버스는 냉방 버스에 비디오나 음악을 틀어주는 등 안락한 여행이 되도록 해주는데, 노선에 따라 꽤 낡은 버스가 운행되기도 하므로 고려하도록 합니다. 장거리 버스의 이용시 주의할 점으로는 인도의 도로 상태가 좋지 않고 가로등도 거의 없으며, 또한 운전 기사의 운전 매너도 좋지 않기 때문에 기상 조건이 나쁠 때에는 가급적 이용을 피하시길 바랍니다.

● 시내 버스

인도에서 버스의 이용은 상당한 불편을 감수해야 하는 교통수단입니다. 특히 아침 저녁 출퇴근 시간대에는 이용하는 사람들이 많아서 매우 혼잡하므로 피하는 것이 좋습니다. 또한 버스 노선에 가고자 하는 행선지가 있는지 확실하게 확인하도록 하여야 합니다.

교통수단의 이용!

❹ 인도의 택시 정보!

인도에서는 우리나라처럼 길거리에서 택시를 자주 볼 수가 없습니다. 그 이유는 택시 자체도 많지 않거니와 불법으로 자가용으로 택시 영업을 하기 때문에 그렇습니다. 따라서 우리나라처럼 길거리에서 택시를 잡기는 어렵고 택시회사에 전화를 해서 부르는 편이 훨씬 빠릅니다. 요금은 미터에 따라 부과됩니다. 택시는 길거리에서 잡거나 콜택시(**Call Taxi**)를 부를 수 있겠으며, 인도의 택시는 검정색에 노란 뚜껑을 가지고 있습니다.

❺ 독특한 교통수단 릭샤

인도에 있는 특수한 교통수단으로 릭샤를 들 수 있습니다. 이곳 사람들은 보통 긴거리를 이동할 때는 택시를, 짧은 거리를 이동할 때는 릭샤를 이용합니다. 릭샤는 우리나라에도 예전에 잠시 있었던 '인력거', 즉 사람이 직접 뛰면서 수레에 사람을 태워서 이동하는 운송 수단으로서 지금은 콜카타에만 남아 있습니다. 이렇게 발로 직접 뛰는 릭샤도 있고, 자전거와 오토바이의 뒤에다가 2~3명이 앉을 수 있는 좌석을 만들어 놓은 싸이클릭샤와 오토릭샤도 있습니다.

9. 교통수단

● **싸이클릭샤** : 보통은 짧은 거리를 이동할 때 이용하며 요금은 외국인의 경우 내국인에 비해 2~3배를 요구합니다. 힌두어에 어느 정도 자신이 있다면 가격 흥정을 해서 요금을 깎을 수도 있습니다. 오토릭샤보다는 단거리를 이동할 때 사용하기 때문에 요금은 20 루피 이하입니다.

● **오토릭샤** : 싸이클릭샤보다 빠르기 때문에 좀 더 먼 거리를 이동할 때 이용하며 요금도 싸이클릭샤보다 비쌉니다. 요금은 미터제를 이용할 수도 있고 이용하기 전에 가격 흥정을 할 수도 있는데 미터제보다는 타기 전에 요금을 흥정해서 이용하는 편이 더 저렴합니다. 그 이유는 미터제로 할 경우, 지리를 잘 모르는 외국인을 상대로 가까운 거리도 여기 저기 데리고 다니며 요금을 올려 놓기 때문입니다. 좌석의 좌우가 뚫려있는 상태이므로 시내의 매연을 그대로 들이마셔야 하는 불편함도 있습니다.

✚ 교통수단 이용시 주의사항

인도의 몇몇 도시의 명칭이 바뀐 것이 있으므로 교통수단 이용시에 착오가 없도록 염두에 두시길 바랍니다.

봄베이	➔	뭄바이
마드라스	➔	첸나이
캘커타	➔	콜카타
트리반드룸	➔	티루바난타푸람

빠르게 찾고 쉽게 말하는 여행회화! 여러분의 여행을 보다 즐겁고 편안하게 만들어 드립니다!!

❶ 철도의 이용! 1.

❶ 매표소는 어디 있습니까?

❷ 열차시각표를 주십시오.

❸ 좌석을 예약해야 합니까?

❹ 급행이 있습니까?

❺ 기차를 갈아타야합니까?

❻ 왕복표로 주십시오.

❼ 델리 행 (기차) 타는 플랫폼이 어디입니까?

❽ 이 기차가 뭄바이 행입니까?

❾ 어떤 열차를 타야합니까?

9. 교통수단

❶ टिकटघर कहाँ है ?
띠ㆍ까뜨ㆍ가ㆍ르 까하-ㅇ 해

❷ रेलगाड़ी की समयसारिणी दीजिए ।
렐가-리ㆍ- 끼- 싸마에싸-리니ㆍ- 디-지예

❸ क्या मुझे सीठ का रिजर्वशन करना है ?
꺄- 무제 씨-트ㆍ 까 리자르베샨 까르나- 해

❹ क्या यहाँ एक्स्प्रेस है ?
꺄- 야하-ㅇ 엑쓰쁘레쓰 해

❺ क्या रेलगाड़ी बदलनी होगी ?
꺄- 렐가-리ㆍ- 바달르니- 호기-

❻ वापसी टिकट दीजिए ।
와-빠씨- 띠ㆍ까뜨ㆍ 디-지예

❼ दिल्ली के लिए गाड़ी किस फ्लैटफार्म पर मिलेगी ?
딜리- 께 리예 가-리ㆍ- 끼쓰 쁠래뜨ㆍ파-르음 빠르 밀레기-

❽ क्या इस गाड़ी मुंबई के लिए है ?
꺄- 이쓰 가-리ㆍ- 뭄바이- 께 리예 해

❾ कौन सी गाड़ी मिलना है ?
꼬운 씨- 가-리- 밀르나- 해

❷ 철도의 이용! 2.

❿ 몇 번 선입니까?

⓫ 어디에서 갈아탑니까?

⓬ 침대칸이 있습니까?

⓭ 식당칸이 있습니까?

⓮ 기차에서 식사할 수 있습니까?

⓯ 이 열차는 델리까지 직행합니까?

⓰ 이 열차는 델리에 정차합니까?

⓱ 여기서 얼마나 정차합니까?

9. 교통수단

❿ क्सि रेलपथ है ?
끼쓰 렐빠트˚ 해

⓫ मुझे कहाँ गाड़ी बदलनी होगी ?
무제 까하-ㅇ 가-리•- 바달르니- 호기-

⓬ क्या बर्थ है ?
꺄- 바르트˚ 해

⓭ क्या भोजन-यान है ?
꺄- 보˚잔 야-ㄴ 해

⓮ क्या मैं गाड़ी में भोजन कर सकता/सकती-/ हूँ ?
꺄- 맹 가-리•- 멩 보˚잔 까르 싸끄따-(싸끄띠-) 후-ㅇ

⓯ क्या इस गाड़ी दिल्ली को सीधे जाएँगी ?
꺄- 이쓰 가-리•- 딜리- 꼬 씨-데˚ 자-엥기-

⓰ क्या इस गाड़ी दिल्ली में रुकेंगी ?
꺄- 이쓰 가-리•- 딜리- 멩 루껭기-

⓱ गाड़ी यहाँ कितना रुकेंगी ?
가-리•- 야하-ㅇ 끼뜨나 루껭기-

❸ 버스의 이용! 1.

❶ 가장 가까운 버스정류장은 어디입니까?

❷ 짠드리 쪼우끄 행 버스정류장은 어디입니까?

❸ 매표소는 어디에 있습니까?

❹ 뭄바이 행 버스 터미널은 어디입니까?

❺ 버스 노선표 한 장 주실 수 있습니까?

❻ 버스 안에서 차표를 살 수 있습니까?

❼ 뭄바이까지 표 두 장 주세요.

❽ 아그라 행 버스는 언제 출발합니까?

❾ 이 버스 캘커타로 갑니까?

9. 교통수단

❶ यहाँ के सर्वाधिक नज़दीक बस स्टाप कहाँ है ?
야하-ㅇ 께 싸르와-디°끄 나즈디-끄 바쓰 쓰따°-쁘 까하-ㅇ 해

❷ चाँदनी चौक के लिए बस स्टाप कहाँ है ?
짜-ㅇ드니- 쪼우끄 께 리예 바쓰 쓰따°-쁘 까하-ㅇ 해

❸ टिकटघर कहाँ है ?
띠°까뜨°가°르 까하-ㅇ 해

❹ मुंबई के लिए बस अन्तिमस्टेशन कहाँ है ?
뭄바이- 께 리예 바쓰 안띰쓰떼°샨 까하-ㅇ 해

❺ क्या बस रुट नक्शा का एक ताव देंगे/देंगी/ ?
꺄- 바쓰 루뜨° 낙샤- 까- 에끄 따-우 뎅게(뎅기-)

❻ क्या बस में टिकट गिलेंगी ?
꺄- 바쓰 멩 띠°까뜨° 밀렝기-

❼ मुंबई के लिए दो टिकट दीजिए ।
뭄바이- 께 리예 도 띠°까뜨° 디-지예

❽ आगरा के लिए बस कब छूटती है ?
아-그라- 께 리예 바쓰 까브 추-뜨°띠- 해

❾ क्या इस बस कलकत्ता जाती है ?
꺄- 이쓰 빠쓰 깰깟따- 자띠- 해

④ 버스의 이용! 2.

❿ 다음 버스는 몇 시입니까?

⓫ 몇 분 마다 있습니까?

⓬ 몇 시간 걸립니까?

⓭ 어디에서 갈아타야 합니까?

⓮ 여기는 무슨 정류장입니까?

⓯ 여기가 제가 내려야할 곳인가요?

⓰ 여기서 내려 주세요.

⓱ 다음 정거장에서 내리겠습니다.

⓲ 그곳에 도착하면 저에게 좀 알려주세요.

9. 교통수단

❿ अगली बस कब छूटती है ?
아글리- 바쓰 까브 추-뜨•띠- 해

⓫ यह हर मिनट में छूटती है ?
예흐 하르 미나뜨• 멩 추-뜨•띠- 해

⓬ कितना समय लगता है ?
끼뜨나- 싸마에 라그따- 해

⓭ कहाँ बस बदलना है ?
까하-ㅇ 바쓰 바달르나- 해

⓮ यहाँ किस स्टाप है ?
야하-ㅇ 끼쓰 쓰따•-쁘 해

⓯ क्या मुझे यहाँ उतरना है ?
꺄- 무제 야하-ㅇ 우따르나- 해

⓰ यहाँ उतर दीजिए ।
야하-ㅇ 우따르 디-지예

⓱ मैं अगली बस स्टाप पर उतरूँगा ।
맹 아글리- 바쓰 쓰따•-쁘• 빠르 우따루-ㅇ가-

⓲ जब आप वहाँ पहुँचेंगे, तो मुझे बताइए ।
자브 아-쁘 와하-ㅇ 빠훙쩽게 또 무제 바따-이예

❺ 선박의 이용!

❶ 배로 가고 싶습니다.

❷ 갑판좌석을 예약하고 싶습니다.

❸ 델리까지 가는 배는 어디에서 탑니까?

❹ 승선시간은 몇 시입니까?

❺ 언제 출항합니까?

❻ 어느 정도 걸립니까?

❼ 의사를 좀 불러 주시겠습니까?

9. 교통수단

① मैं जहाज से जाना चाहता/चाहती/ हूँ ।
맹 자하-즈 쎄 자-나- 짜-흐따-(짜-흐띠-) 후-ㅇ

② डेक-कुर्सी का एक रिजर्वेशन चाहिए ।
데•끄-꿀씨- 까- 에끄 리자르베샨 짜-히예

③ दिल्ली के लिए जहाज कहाँ मिलेगा ?
딜리- 께 리예 자하-즈 까하-ㅇ 밀레가-

④ हम कितने बजे जहाज में चढ़ेंगे ?
함 끼뜨네 바제 자하-즈 멩 짜렝°•게

⑤ जहाज कब छूटेगा ?
자하-즈 까브 추-떼•가-

⑥ वह कितने समय लगेगा ?
보흐 끼뜨네 싸마에 라게가-

⑦ क्या आप डाक्टर को बुलाऐंगे ?
꺄- 아-쁘 다•-끄따•르 꼬 불라-엥게

빠르게 찾고 쉽게 말하는 여행회화! 여러분의 여행을 보다 즐겁고 편안하게 만들어 드립니다!!

❻ 지하철의 이용!

❶ 이 근처에 지하철역이 있습니까?

❷ 가장 가까운 역은 어디입니까?

❸ 회수권 묶음 하나 주세요.

❹ 지하철 노선표 한 장 주세요.

❺ 봄베이로 가는 것은 몇 호선인가요?

❻ 봄베이대학은 몇 호선을 타야합니까?

❼ 표 한 장 주세요.

❽ 라-즈 가뜨는 어디에서 내려야합니까?

❾ 라-즈 가뜨는 몇 번 출구로 나가야합니까?

9. 교통수단

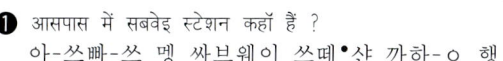

1 आसपास में सबवेय स्टेशन कहाँ हैं ?
아-쓰빠-쓰 멩 싸브웨이 쓰떼˚샨 까하-ㅇ 행

2 यहाँ से सबाधिक नज़्दीक स्टेशन कहाँ है ?
야하-ㅇ 쎄 싸바-디˚끄 나즈디-끄 쓰떼˚샨 까하-ㅇ 해

3 टिकट की पोटली एक दीजिए ।
띠˚까뜨˚ 끼- 뽀뜰˚리- 에끄 디-지예

4 सबवेय का मानचित्र एक दीजिए ।
싸브에이 까- 마-ㄴ찌뜨르 에끄 디-지예

5 बोम्बेइ के लिए किस पटरी है ?
봄베이 께 리에 끼쓰 빼따˚리- 해

6 बोम्बेइ विश्वविद्यालय जाने के लिए किस लाइन लेना है ?
봄베이 미슈바비댜-라에 자-네 께 리예 끼쓰 라-인 레나- 해

7 एक टिकट दीजिए ।
에끄 띠˚까뜨˚ 디-지예

8 राजघाट जाने के लिए कहाँ उतरना है ?
라-즈가˚-뜨˚ 자-네 께 리예 까하-ㅇ 우따르나- 해

9 राजघाट जाने के लिए किस नंबर का निकास द्वारा निकलना है ?
라-즈가˚-뜨˚ 자-네 께 리예 끼쓰 남바르 까- 니까-쓰 드와-라- 니깔르나- 해

빠르게 찾고 쉽게 말하는 여행회화! 여러분의 여행을 보다 즐겁고 편안하게 만들어 드립니다!!

7 택시의 이용!

❶ 택시 승차장은 어디입니까?

❷ (메모를 보이면서) 이 주소로 가 주세요.

❸ 타즈마할 호텔로 가주세요.

❹ 시청까지 요금이 얼마정도 듭니까?

❺ 거기까지 가는 데 얼마나 걸립니까?

❻ 빨리 갈 수 있습니까? 늦었는데요.

❼ 오른쪽으로 돌아주시겠습니까?

❽ 여기서 세워주세요.

❾ 요금은 얼마입니까?

9. 교통수단

❶ टैक्सी अड्डा कहाँ है ?
   땍•씨- 앗•다•- 까하-ㅇ 해

❷ इस पते पर ले जाइए ।
   이쓰 빠떼 빠르 레 자-이에

❸ ताज महल होटेल को जाइए ।
   따-즈 마할 호뗄• 꼬 자-이에

❹ यहाँ से नगर भवन तक कितने पैसे होंगे ?
   야하-ㅇ 쎄 나가르 바•완 따끄 끼뜨네 빼쎄 홍게

❺ वहाँ तक कितने घंटे लगेंगे ?
   와하-ㅇ 따끄 끼뜨네 간•떼• 라겡게

❻ आप जल्दी चल सकें ? मैं देर हो गया/गयी/ ।
   아-쁘 잘디- 짤 싸껭 맹 데르 호 가야-(가이-)

❼ क्या आप दाहिने मोड़ सकते हैं ?
   꺄- 아-쁘 다-히네 모르• 싸끄떼 행

❽ यहाँ रोक दीजिए ।
   야하-ㅇ 로끄 디-지에

❾ किराया कितना हुआ ?
   끼라-야- 기뜨나- 후아-

빠르게 찾고 쉽게 말하는 여행회화! 여러분의 여행을 보다 즐겁고 편안하게 만들어 드립니다!!

❽ 렌터카의 이용!

❶ 렌터카는 어디에서 빌립니까?

❷ 차를 빌리고 싶습니다.

❸ 어떤 차종이 있습니까?

❹ 이 차를 24시간 빌리고 싶습니다.

❺ 요금표를 보여 주세요.

❻ 얼마입니까?

❼ 보험에 들고 싶습니다.

❽ 보증금은 얼마입니까?

❾ 차를 반납하고 싶습니다.

9. 교통수단

❶ किराये पर गाड़ी कहाँ मिलेगी ?
끼라-예 빠르 가-리•- 까하-ㅇ 밀레기-

❷ किराये पर गाड़ी चाहिए ।
끼라-예 빠르 가-리•- 짜-히예

❸ कौन सी गाड़ी चाहिए ?
꼬운 씨- 가-리•- 짜-히예

❹ चौबीस घंटे के लिए किराये पर गाड़ी चाहिए ।
쪼우비-쓰 간•떼• 께 리에 끼라-예 빠르 가리•- 짜-히예

❺ किराय चार्ट दिखाइए ।
끼라-야- 짜-르뜨• 디카-이예

❻ कितने गैसे है ?
끼뜨네 빼쎄 해

❼ मैं बीमा कराना चाहता/चाहती/ हूँ ।
맹 비-마- 까라-나- 짜-흐따-(짜흐띠-) 후-ㅇ

❽ जमा करने के लिए कितने पैसे देना है ?
자마- 까르네 께 리에 끼뜨네 빼쎄 데나- 해

❾ मैं गाड़ी लौट चाहता/चाहती/ हूँ ।
맹 가-리•- 로우뜨• 짜흐따-(짜-흐띠-) 후-ㅇ

❾ 주유소의 이용!

❶ 주유소는 어디에 있습니까?

❷ 기름을 채워 주세요.

❸ 고급으로 넣어 주세요.

❹ 20달러 어치를 넣어 주세요.

❺ 오일을 점검해 주세요.

❻ 기름을 채워 주시고 오일을 점검해 주세요.

❼ 가득 채워 주세요.

❽ 보통 휘발유로 10불 어치 넣어 주세요.

❾ 이곳은 본인이 직접 주유하는 곳인가요?

9. 교통수단

❶ पेट्रोल पम्प कहाँ है ?
뻬뜨*롤 빰쁘 까하-ㅇ 해

❷ पेट्रोल भर दीजिए ।
뻬뜨*롤 바*르 디-지예

❸ उत्कृष्ट वाला डाल दीजिए ।
우뜨끄리스*뜨* 와-ㄹ라- 다*-ㄹ 디-지예

❹ बीस डालर का डाल दीजिए ।
비-쓰 다*-ㄹ라르 까- 다*-ㄹ 디-지예

❺ तेल जाँच कीजिए ।
뗄 자-ㅇ쯔 끼-지예

❻ पेट्रोल भरकर तेल जाँच कीजिए ।
뻬뜨*롤 바*르까르 뗄 자-쯔 끼-지예

❼ पेट्रोल डालकर पूरा टैंक भर दीजिए ।
뻬뜨*롤 다-르*까르 뿌-라- 탱*끄 바*르 디-지예

❽ दस डालर का साधारण पेट्रोल डाल दीजिए ।
다쓰 다*-ㄹ라르 까- 싸-다*-란 뻬뜨*롤 다*-ㄹ 디-지예

❾ यहाँ स्वयंसेवा पेट्रोल पम्प है ?
야하-ㅇ 쓰와얌쎄와- 뻬뜨*롤 빰쁘 해

교통수단 관련 단어!

● 철도여행 관련 단어표현

역	स्टेशन	쓰떼˚샨
열차	/रेल/गाड़ी	(렐)가-리˚-
매표소	टिकट घर	띠˚까뜨˚ 가ᵃ르
매표구	टिकट खिड़की	띠˚까뜨˚ 키르˚끼-
편도기차표	इकतरफ़ा टिकट	이까따라파- 띠˚까뜨˚
왕복기차표	वापसी टिकट	와-빠씨- 띠˚까뜨˚
1등석	पहले दर्जे का टिकट	뻬흘레 다르제 까- 띠˚까뜨˚
2등석	दूसरे दर्जे का टिकट	두쓰레 다르제 까- 띠˚까뜨˚
침대차	शयनयान	샤야나야-ㄴ
침대차	शयनिका	샤야니까-
침대권	उपरी बर्थ	우빠리- 바르트˚
좌석	सीट	시-뜨˚
지정좌석	रिजर्व्ड सीट	리자르브드˚ 씨-뜨˚
보통열차	सामान्य गाड़ी	싸-마-냐 가-리˚-
급행열차	एक्स्प्रेस	엑쓰쁘레쓰
특급열차	स्पेशल एक्स्प्रेस	쓰뻬샬 엑쓰쁘레쓰
주간열차	दिन गाड़ी	딘 가-리˚-

9. 교통수단

| 야간열차 | रात गाड़ी | 라-뜨 가-리˚- |

◐ 버스여행 관련 단어표현

버스터미널	बस टर्मिनल	바쓰 따˚르미날
버스터미널	बस डिपो	바쓰 디˚뽀
버스정류장	बस स्टाप	바쓰 쓰따˚-쁘
버스	बस	바쓰
2층버스	दुतल्ली बस	두딸리- 바쓰
시내버스	नगर बस	나가르 바쓰
관광버스	पर्यटन बस	빠르야딴˚ 바쓰
장거리버스	सुदूर बस	쑤두-르 바쓰
식행버스	अविराम बस	아비라-ㅁ 바쓰
직행버스	सीधी बस	시-디˚- 바쓰
일시 정차	विश्राम रुकाव	비쉬라-ㅁ 루까-우
식사를 위한 정차	भोजन रुकाव	보˚잔 루까-우

◐ 선박여행 관련 단어표현

| 항구 | बन्दरगाह | 반다라가-흐 |

빠르게 찾고 쉽게 말하는 여행회화! 여러분의 여행을 보다 즐겁고 편안하게 만들어 드립니다!!

교통수단 관련 단어!

여객선	सवारी जहाज	사와-리- 자하-즈
부두	गोदी	고디-
기항지	व्यवहार पत्तन	뱌바하-르 뺏딴
승선권	यात्री टिकट	야-뜨리- 띠•까뜨•
선실	कैबिन	깨빈
침대	बर्थ	바르트
욕실	स्नान-गृह	쓰나-ㄴ 그리하
의무실	जीर्णरोगीशाला	지르나-로기-샬-라-
구명부낭	रक्षा प्लव	라샤•- 쁠라브
구명동의	रक्षा जाकेट	라샤•- 자-께뜨•
구명보트	रक्षा नौका	라샤• 노우까-

❍ 지하철 관련 단어표현

매표구	टिकट खिड़की	띠•까뜨• 키르•끼-
입구	प्रवेश	쁘라베슈
출구	निकास	니까-쓰
출구	निकास द्वार	니까-쓰 드와-르
갈아타는 곳	स्थानान्तरण गेट	
		쓰타-나-ㄴ따란• 게뜨•

9. 교통수단

◐ 택시 관련 단어표현

택시승차장	टैक्सी स्टैन्ड	땍•씨- 스탠•드•
택시승차장	टैक्सी अड्डा	땍•씨- 앗다•-
택시	टैक्सी	땍•씨-
택시기사	टैक्सी ड्राइवर	땍•씨- 드•라-이바르
기본요금	न्यूनतम किराया	뉴-나땀 끼라-야-
할증요금	अटिरिक्त किराया	아띠•릭뜨 끼라-야-
택시요금	टैक्सी किराया	땍•씨- 끼라-야-
미터계	सवारी मीटर	싸와-리- 미-따•르
거스름돈	रेजगारी	레즈가-리-
화물요금	सामान सवारी किराया	
		사-마-ㄴ 싸와-리- 끼라-야-

◐ 렌터카 관련 단어표현

보증금	जमा पैसे	자마- 뻬쎄
임대료	किराया पर चार्ज	
		끼라-야- 빠르 짜-르즈
자동차사고보험	गाड़ी दुर्घटना बीमा	
		가-리•- 두르가•뜨•나- 비-마-
국제면허증	अन्तर्राष्ट्रीय चालक लाइसेन्स	
		안따르라-스•뜨•리-야 짜-ㄹ라끄 라-이센쓰

교통수단 관련 단어!

운전면허증	चालक लाइसेन्स	짜-라끄 라-이쎈쓰
계약서	अनुबन्ध पत्र	아누반드 빠뜨르
주유소	पेट्रोल पम्प	뻬뜨•롤 빰쁘
가솔린	पेट्रोल	뻬뜨•롤
가득채움	पूरा टैंक	뿌라- 땡•끄
도로지도	रोड मैप	로드• 맵
고속도로	एक्सप्रस मार्ग	엑쓰쁘레쓰 마르그
유료도로	कार मार्ग	까-르 마-르그
유료도로	शुल्क फाटक	슐끄 파-따•끄
교차점	चोराहा	쪼라-하-
주차장	कार पार्क	까-르 빠-르끄
일방통행	इकतरफ़ा	이끄따라파-
추월금지	आगे चलना मना है । 아-게 짤르나- 마나- 해	
통행금지	रास्ता बन्द होना है । 라-쓰따- 반드 호나- 해	
주차금지	पार्किंग मना है । 빠-르낑그 마나- 해	
사고	दुर्घटना	두르가•뜨•나-
서행	मन्द चलाना	만드 짤라-나-
안전벨트	सुरक्षा पेटी	수락샤•- 뻬띠•-
공사중	निर्मित करना हो रहा है । 니르미뜨 까르나- 호 라하- 해	

10. 관광하기!

❶ 관광안내소 정보!

현지의 관광정보는 해당 도시의 관광안내소(**information center**)에서 구하는 것이 좋습니다. 보통 역이나 시내 광장에 위치하고 있으며, ⓘ라고 표시된 간판을 찾아가면 됩니다. 관광안내소에는 기본적으로 그 도시에 대한 각종 안내 자료를 무료로 제공하고 있습니다. 안내소에서는 유명 관광 코스를 안내해 주거나, 각종 요금정보와 버스, 지하철 노선표 그리고 시내관광지도를 무료로 주거나, 저렴한 숙소에 대한 정보와 예약을 대행해 주기도 합니다.

빠르게 찾고 쉽게 말하는 여행회화! 여러분의 여행을 보다 즐겁고 편안하게 만들어 드립니다!!

관광 정보 및 상식! 1.

❷ 시내관광 상식

관광은 개별적으로 지도를 가지고 자유롭게 찾아 다니는 방법과 단체로 정해진 스케줄에 의해 이동을 하는 방법, 간편하게 차내에서 시내를 한바퀴 둘러보는 시티투어 관광법이 있습니다. 시간을 얼마나 할애할 것인가, 여유시간은 얼마나 있느냐에 따라 자신에게 맞는 방법을 정하면 됩니다.

효과적인 관광을 위해서 전날 밤에는 꼼꼼하게 시간계획과 교통편, 가능하다면 지하철의 출구번호까지 간단히 메모를 해두도록 합니다. 이를 위해 시내지도와 노선표는 필수적으로 준비하도록 합니다. 잔돈도 충분히 준비하며, 카메라와 필름도 준비합니다. 관광지도를 이용해 목적지를 찾아가는 방법과 병행해서 상점이나 현지 행인들에게 위치를 물어 보는 것도 좋습니다. 귀중품은 가급적 호텔에 보관시키고, 무거운 짐은 객실에 놔두고 가는 것이 좋으며, 간편한 차림과 간식거리를 챙겨서 나가는 것이 좋습니다. (물, 음료수, 초콜릿, 쿠키 등) 갑작스러운 일기의 변화에 대비해서 우산이나 우비도 작은 가방 안에 넣어 가지고 다니는 것이 좋습니다.

❸ 사진촬영 상식

여행지의 생생한 기록은 사진입니다. 요즘은 디지털카메라와 핸디캠의 보급으로 많은 이들의 기록 수단이 되고 있습니다. 주의하실 점은 충전식의 경우 베터리의 재충전을 위해 해당국의 전압과 콘센트 상태를 미리 체크하고 준비하

10. 관광하기!

여야 합니다.

최근 여행자들이 사용하는 방법 중에 또 한 가지는 디지털카메라로 찍은 현장사진을 이메일로 한국으로 보내거나, 웹하드에 저장하는 방법이 있습니다. 인터넷카페를 이용해 현장 사진을 고국으로 전하는 방법도 유용할 것입니다.

사진촬영에 있어 유의해야 할 점은 미술관, 박물관 그리고 사원 등에서는 사진촬영이 금지되어 있으며, 군사시설이나 사건현장에서 직무중인 경찰의 모습도 촬영해서는 안 된다는 것입니다. 그리고 관광지역 이외에서의 시설물이나 매장의 촬영은 제재를 받을 수도 있습니다.
개인을 찍을 때에도 반드시 촬영 전에 양해를 구하도록 합니다.

❹ 주요 관광 정보!

낮동안의 도시관광과 함께 추천할 만한 볼거리로는 다양한 연예, 스포츠 등이 있을 수 있습니다. 연예(**entertainment**) 프로그램들은 하루의 피로를 풀어줌과 동시에 그 나라의 문화를 접할 수 있어 특히 권할만한 문화적 여흥거리입니다. 대표적인 공연예술들로는 뮤지컬, 오페라, 콘서트, 발레, 쇼, 연극, 영화를 들 수 있으며, 축제나 거리공연 등도 꼭 보셔야 할 부분입니다.
관람은 먼저 티켓예약부터 시작합니다. 공연작품들에 대한 프로그램을 먼저 체크하고 시즌티켓이나 할인티켓을 찾도록 합니다. 티켓정보는 호텔이나 관광안내소에 알아보시면 되고, 신문이나 공연예술 소식지, 관광정보지(**tourist guide book**)를 통해서도 알아볼 수 있습니다.

관광 정보 및 상식! 2.

예약 및 예매는 호텔 프론트데스크나 백화점에서 할 수 있으며, 그밖에 티켓에이전트(**ticket agent**), 티켓트론(**ticketron**), 티켓브로커를 통해서도 살 수 있습니다.

❺ 주요 관광명소!

● 델리

인도의 수도인 델리는 인도에서 3번째로 큰 도시입니다. 구델리와 뉴델리로 나뉘어지는데 구델리는 17~19세기 동안 인도의 수도였고 뉴델리는 영국 통치 시절에 영국에 의해 만들어진 도시입니다. 특히 뉴델리는 인도 여행을 하는 관광객에게는 인도의 첫번째 관문이라 할 수 있는 도시입니다. 이곳의 관광 명소로는 랄 낄라라고도 불리는 '레드포트'와 '뿌라나 낄라', '꾸뚜브 미나르', '인디아 게이트', '후마운 묘'와 같은 건축물과 가장 유명한 시장인 '챤드니 쵸크', 그리고 천문대인 '잔타르 만타르', 의사당과 대통령 관저가 있는 '라즈 파트' 등이 있습니다.

● 뭄바이

뭄바이는 인도에서 가장 현대적인 도시로서 인도 최대의 상업 도시이며 인도 경제의 중심 도시입니다. 또한 인도의 대표적인 기업들의 본사가 있는 곳이며 최대의 증권 회사가 있는 곳이기도 합니다. 주요 관광지로는 인도의 관문이었던 '인디아 게이트웨이', 여러가지 아름다운 조각들이 있는 '엘레판타 섬', '웨일즈 왕자 박물관', '침묵의 탑', '말라바 힐', '칸헤리 석굴', '산자이 간디 국립공원' 등이 있습니다.

10. 관광하기!

● **깔꼬따**

깔꼬따는 동인도 사상과 문화의 발상지로서 인도 최대의 무역항입니다. 주요 관광지로는 '깔꼬따 공원', '인도 박물관', '다르시네슈와르 사원', '달하우지 광장', '자이나 사원', '칼리 사원', '타고르 하우스' 등이 있습니다.

● **아그라**

인도의 가장 유명한 관광 명소인 '타지마할'이 있는 곳으로서 타지마할은 샤 자한 황제가 부인인 뭄타즈 마할을 추도하기 위해 건립한 곳입니다. 설립된지 오랜 시간이 지났지만 정원의 연못 속에 비친 타지마할의 아름다움은 아직도 보는 이로 하여금 탄성을 자아내게 합니다.

● **자이푸르**

100년 전 왕자의 방문을 축하하기 위해 도시 전체를 핑크색으로 칠을 하여 아직도 도시 전체에 핑크색이 남아 있는 곳이 자이푸르시입니다. 이곳은 장엄한 궁전과 성, 그리고 원색의 시장 등으로 중세적인 분위기가 물씬 풍기는 도시입니다.

● **바라나시**

바라나시는 인도 북부의 힌두교 최대의 성지로서 종교 행사가 벌어지는 수많은 사원들이 있으며, 매년 수백만의 순례객들이 갠지즈강을 찾아 이곳에 옵니다.

빠르게 찾고 쉽게 말하는 여행회화! 여러분의 여행을 보다 즐겁고 편안하게 만들어 드립니다!!

① 관광 시작하기!

❶ 관광안내소는 어디에 있습니까?

❷ 여행안내서를 얻을 수 있습니까?

❸ 흥미로운 몇 곳을 말씀해 주시겠습니까?

❹ 시내지도 있습니까?

❺ 어디에서 출발합니까?

❻ 한 사람에 얼마입니까?

❼ 하루에 얼마입니까?

❽ 관광하는 곳을 말해 주세요.

❾ 유람선 타는 곳은 어디입니까?

10. 관광하기!

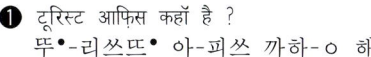

① टूरिस्ट ऑफ़िस कहाँ है ?
뚜•-리쓰뜨• 아-피쓰 까하-o 해

② क्या मैं गाइड बुक मिल सकता/सकती/ हूँ ?
꺄- 맹 가-이드• 부끄 밀 사끄따-(사끄띠-) 후-o

③ क्या आप मुझे कुछ रोचक जगहें बताऍंगे ?
꺄- 아-쁘 무제 꾸츠 로짜끄 자가헹 바따-엥게

④ क्या नगर मानचित्र मिलेगा ?
꺄- 나가르 마-ㄴ찌뜨르 밀레가-

⑤ हम कहाँ से प्रस्थान करेंगे ?
함 까하-o 쎄 쁘라스타-ㄴ 까렝게

⑥ एक व्यक्ति कितने है ?
에끄 브약띠 끼뜨네 해

⑦ एक दिन का किराया कितने है ?
에끄 딘 까- 끼라-야- 끼뜨네 해

⑧ कोई देखने लायक जगह बताइए ।
꼬이- 데크네 라-야끄 자게흐 바따-이에

⑨ पर्यटन नाव कहाँ मिलेगी ?
빠르야딴• 나-우 까하-o 밀레기-

❷ 길 물어보기! 1.

❶ 실례합니다. 길을 잃었습니다.

❷ 여기가 어디입니까?

❸ 여기가 무슨 거리입니까?

❹ 어느 쪽이 북쪽입니까?

❺ 지도상으로 제가 어디에 있는 건가요?

❻ 지하철역에는 어떻게 가야 하나요?

❼ 한국대사관이 어디 있는지 아십니까?

❽ 그곳까지 걸어갈 수 있나요?

❾ 가장 가까운 화장실은 어디에 있습니까?

10. 관광하기!

10

❶ क्षमा करें । मैं रास्ता भूल गया/गयी/ हूँ ।
끄샤•마- 까렝 맹 라-쓰따- 부°-ㄹ 가야-(가이-) 후-ㅇ

❷ हम कहाँ है ?
함 까하-ㅇ 해

❸ यह किस रास्ता है ?
예흐 끼쓰 라-쓰따- 해

❹ उत्तर किस ओर है ?
웃따르 끼쓰 오르 해

❺ मैं इस मानचित्र कहाँ हूँ ?
맹 이쓰 마-ㄴ찌뜨르 빠흐 까하-ㅇ 후-ㅇ

❻ सबवेई को कैसे जाना है ?
샤브웨이 꼬 께쎄 자-나- 해

❼ आपको मालूम है, कोरिया के दूतावास कहाँ है ?
아-쁘꼬 마-ㄹ루-ㅁ 해 꼬리야- 께 두-따-와-쓰 까하-ㅇ 해

❽ पैदल से जा सकता/सकती/ हूँ ?
빼달 쎄 자- 싸끄따-(싸끄띠-) 후-ㅇ

❾ यही के सबसे नजदीक शौचालय कहाँ है ?
야히- 께 삽쎄 나즈디-끄 쇼우짜-ㄹ라에 까하-ㅇ 해

빠르게 찾고 쉽게 말하는 여행회화! 여러분의 여행을 보다 즐겁고 편안하게 만들어 드립니다!!

❸ 길 물어보기! 2.

❿ 여기서 얼마나 멉니까?

⓫ 얼마나 걸릴까요?

⓬ 따-즈 마할 호텔은 여기서 멉니까?

⓭ 어떻게 가야 합니까?

⓮ 저는 이곳이 초행입니다.

⓯ 여기에 약도를 그려 주세요.

⓰ 그곳은 버스로 갈 수 있습니까?

⓱ 지금 제가 있는 곳을 지도에 표시해 주세요.

⓲ 감사합니다. 그쪽으로 가보겠습니다.

10. 관광하기!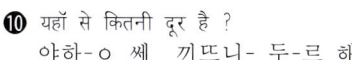

❿ यहाँ से कितनी दूर है ?
야하-ㅇ 쎄 끼뜨니- 두-르 해

⓫ कितना समय लगेगा ?
끼뜨나- 사마에 라게가-

⓬ क्या ताज महल होटेल यहाँ से दूर है ?
꺄- 따-즈 마할 호뗄• 야하-ㅇ 쎄 두-르 해

⓭ मुझे वहाँ कैसे जाना है ?
무제 와하-ㅇ 께쎄 자-나- 해

⓮ मैं यहाँ पहले आया/आयी/ हूँ ।
맹 야하-ㅇ 뻬흘레 아-야-(아-이-) 후-ㅇ

⓯ यहाँ मानचित्र बनाइए ।
야하-ㅇ 마-ㄴ찌뜨르 바나-이예

⓰ क्या मैं वहाँ बस से जा सकता/सकती/ हूँ ?
꺄- 맹 와하-ㅇ 바쓰 쎄 자- 싸끄따-(사끄띠-) 후-ㅇ

⓱ आप बताइए कि मैं इस नक्शे में कहाँ है ।
아-쁘 바따-이예 끼 맹 이쓰 낙셰 멩 까하-ㅇ 해

⓲ शुक्रिया । मैं उधर जाने के लिए प्रयत्न करूँगा/करूँगी/ ।
슈끄리아- 맹 우다°르 자-네 께 리예 쁘라야뜨나 까루-ㅇ가-(까루-ㅇ기-)

④ 기념사진 찍기!

❶ 사진 좀 찍어주시겠어요?

❷ 이 버튼을 누르시기만 하면 돼요.

❸ 그럼 찍으세요. 준비됐습니다.

❹ 그럼 찍습니다.

❺ 한 장 더 부탁합니다.

❻ 여기서 사진을 찍어도 됩니까?

❼ 함께 사진을 찍을 수 있을까요?

10. 관광하기!

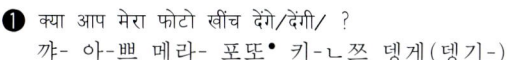

① क्या आप मेरा फोटो खींच देंगे/देंगी/ ?
꺄- 아-쁘 메라- 포또• 키-ㄴ쯔 뎅게(뎅기-)

② केवल इस बटन को दबाना है ।
께왈 이쓰 바딴• 꼬 다바-나- 해

③ फोटो खींचिए । मैं तैयार हूँ ।
포또• 키-ㄴ찌예 맹 때야-르 후-ㅇ

④ अभी खींचूँगा /खींचूँगी/ ।
아비*- 키-ㄴ쭈-ㅇ가-(키-ㄴ쭈-ㅇ기-)

⑤ एक और फोटो चाहिए ।
에끄 오우르 포또• 짜-히예

⑥ क्या मैं यहाँ फोटो खींच सकता/सकती/ हूँ ?
꺄- 맹 야하-ㅇ 포또• 키-ㄴ쯔 싸끄따-(싸끄띠-) 후-ㅇ

⑦ क्या आपके साथ एक फोटो खिंचवा सकता/सकती/ हूँ ?
꺄- 아-쁘께 싸-트 에끄 포또• 킨쯔와-
싸끄따-(싸끄띠-) 후-ㅇ

관광 관련 단어! 1.

● 관광 관련 단어표현

관광	पर्यटन	빠르야딴•
명소	मशहुर जगह	마샤후르 자게호
박람회	प्रदर्शनी	쁘라달샤니-
박물관	संग्रहालय	싼그라할-라에
화랑	चित्र दीर्घा	찌뜨라 디-르가˚-
전시장	नुमाईश	누마-이-슈
수족관	मछली घर	마찰리- 가˚르
동물원	चिड़ियाघर	찌리•야-가˚르
식물원	वनस्पति उद्यान	바-나쓰빠띠 우드야-ㄴ
교외	उपनगर निवासी	우쁘나가르 니와-씨-
시내중심	नगर केंद्र	니가르 껜드라
공원	पार्क	빠-르끄
유원지	मनोरंजन कक्ष	마노란잔 깍샤•
축제	उत्सब	우뜨싸브
특별행사	विशेष समारोह	비셰샤• 사마-로흐
행사	समारोह	싸마-로흐
연중행사	वार्षिक समारोह	와-르시•끄 싸마-로흐

● 사진 관련 단어표현

현상	फिल्म धोना	필름 도˚•나-
인화	फिल्म प्रति	필름 쁘라띠

10. 관광하기!

컬러필름	रंगीन फ़िल्म	랑기-ㄴ 필름
건전지	बैट्री	배뜨·리-
흑백필름	ब्लैक एंड ह्वाइट फ़िल्म	블랙끄 앤드 흐와이드• 필름
슬라이드 필름	स्लाइड फ़िल्म	쓸라-이드• 필름
사진촬영 금지	फ़ोटो खींचना मना है ।	포또• 키-ㄴ쯔나- 마나- 해

◯ 시내관광 관련 단어표현

이쪽	इधर	이다°르
이쪽	यहाँ पर	야하-ㅇ 빠르
저쪽	उधर	우다°르
앞	आगे	아-게
뒤	पीछे	삐- 체
옆	अतिरिक्त	아띠릭뜨
반대편	सम्मुख दिशा	삼무크 디샤-
오른쪽	दाहिना	다-히나-
오른쪽방향	दाई ओर	다-이- 오르
왼쪽	बायाँ	바-야-ㅇ
왼쪽방향	बाईं ओर	바-이-ㅇ 오르
곧장	सीधा	시-다°-
도로	रास्ता	라-쓰따-

빠르게 찾고 쉽게 말하는 여행회화! 여러분의 여행을 보다 즐겁고 편안하게 만들어 드립니다!!

관광 관련 단어! 2.

보도	पटरी	빠따˚리-
횡단보도	पैदल सड़क	빼달 싸라˚끄
네거리	चौराहा	쪼우라-하-
구획	बाधा	바-다˚-
가로	वृक्षवीथि	브릭샤˚비-티
가로	मुख्य-मर्ग	무캬 마르그
교차로	प्रतिच्छेदन	쁘라삣체단
버스정류장	बस स्टाप	바쓰 쓰따˚-쁘
택시승차장	टैक्सी सटैन्ड	땍˚씨- 쓰땐˚드˚
지하철역	सबवेइ स्टेशन	싸브베이 쓰떼˚샨
기차역	रेलगाड़ी स्टेशन	렐가-리˚- 쓰떼˚샨
시장	बाजार	바-자-르
상가	दुकान केन्द्र	두까-ㄴ 껜드라
광장	नगर चौक	나가르 쪼우끄
공원	पार्क	빠-르끄
시내중심가	नगर केन्द्र	나가르 껜드라

● 거리의 경고 표시들!

주의!	सावधान ।	사-와다˚-ㄴ
위험!	खतरा	카따라-
경고!	चेतावनी	쩨따-바니-
안내	गाइद	가-이드

10. 관광하기!

계단이용!	सीढ़ियाँ का इस्तेमाल कीजिए
	시-리*야-o 까- 이쓰떼마-ㄹ 끼-지예
고장!	बिगड़ा हुआ ।	비기-라•- 후아-
접근금지!	घुसने न देना ।	구*쓰네 나 데나-
통행금지!	अतिचारण मना है ।	아띠짜-란• 마나- 해
영업중	दुकान खुला है ।	두까-ㄴ 쿨라- 해
폐점	दुकान बन्द है ।	두까-ㄴ 반드 해
미시오!	धक्का दीजिए ।	닥*까- 디-지예
당기시오!	खींचिए ।	키-ㄴ찌예
입구	प्रवेश	쁘라베슈
출구	निकास	니까-쓰
비상구	आपत्ती द्वार	마-빳띠- 드와-르
화장실	शौचालय	쇼우짜-ㄹ라에
화장실	गुसलखाना	구쌀카-나-
공중변소	सार्वजनिक सुविधा	
	싸-르바자니끄 수비다*-	
남자용	पुरुष	뿌루슈•
여자용	महिला	마힐라-
화장실(미국)	बाथरूम	바-트루-ㅁ
화장실(영국)	टाइलेट	따•-이레뜨•
공중변소	बमपुलिस	바마뿔리쓰

❺ 공연의 관람! 1.

❶ 몇 시 표가 있습니까?

❷ 입장료는 얼마입니까?

❸ 학생요금 할인됩니까?

❹ 학생 (어른) 2장 주세요.

❺ 가장 싼 좌석으로 2장 주세요.

❻ 오늘 좌석이 있습니까?

❼ 영화관은 어디에 있습니까?

❽ 오페라를 보고 싶습니다.

❾ 오페라는 어디에서 관람할 수 있습니까?

10. 관광하기!

❶ कितने बजे का टिकट मिलेगा/मिलेगी/ ?
끼뜨네 바제 까- 띠˚까뜨˚ 밀레가-(밀레기-)

❷ प्रवेश शुल्क कितना है ?
브라베슈 슐끄 끼뜨나- 해

❸ छात्र के लिए शुल्क कम दे सकते हैं ?
짜-뜨르 께 리예 슐끄 깜 데 싸끄떼 행

❹ छात्र /आदमी/ के लिए दो टिकट दीजिए ।
차-뜨르 (아드미-) 께 리예 도 띠˚까뜨˚ 디-지예

❺ सबसे सस्ता के दो टिकट दीजिए ।
쌉쎄 싸쓰따- 께 도 띠˚까뜨˚ 디-지예

❻ क्या आज सीठ खाली है ?
꺄- 아-즈 씨-트˚ 칼-리- 해

❼ सिनेमा घर कहाँ है ?
씨네마- 가˚르 까하-ㅇ 해

❽ मैं गीतिनाट्य देखना चाहता/चाहती/ हूँ ।
맹 기-띠낫떼˚ 데크나- 짜-흐따-(짜-흐띠-) 후-ㅇ

❾ गीतिनाट्य कहाँ देखना है ?
기-띠낫떼˚ 까하-ㅇ 데크나- 해

❻ 공연의 관람! 2.

❿ 지금은 무슨 공연을 하고 있습니까?

⓫ 지금 인기있는 공연은 무엇입니까?

⓬ 출연진은 누구 누구입니까?

⓭ 며칠 동안 공연을 합니까?

⓮ 입구는 어디입니까?

⓯ 공연은 몇 시에 시작합니까?

⓰ 몇 시에 끝납니까?

⓱ 좌석 안내도가 있습니까?

⓲ 여기 자리 있습니까?

10. 관광하기!
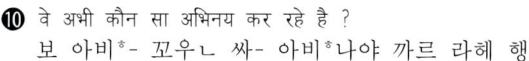

❿ वे अभी कौन सा अभिनय कर रहे है ?
보 아비ʰ- 꼬우ㄴ 싸- 아비ʰ나야 까르 라헤 행

⓫ अभी क्या लोकप्रिय अभिनय है ?
아비ʰ- 꺄- 로끄쁘리야 아비ʰ나야 해

⓬ नायक कौन-कौन है ?
나-야끄 꼬운-꼬운 해

⓭ कितने दिन के लिए अभिनय करना है ?
끼드네 딘 께 리예 아비ʰ나야 까르나- 해

⓮ प्रवेश कहाँ है ?
쁘라베슈 까하-o 해

⓯ कितने बजे अभिनय का आरंभ करना होगा ?
기드네 바제 아비ʰ나야 까- 아-람브ʰ 까르나 호가-

⓰ कितने बजे यह समाप्त होगा ?
끼뜨네 바제 예흐 사마-쁘뜨 호가-

⓱ क्या सीठ का गाइड मैप है ?
꺄- 씨-트• 까- 가-이드• 맵 해

⓲ इस सीठ सुरक्षित है ?
이쓰 씨-트• 쑤락시•뜨 해

빠르게 찾고 쉽게 말하는 여행회화! 여러분의 여행을 보다 즐겁고 편안하게 만들어 드립니다!!

❼ 나이트 클럽!

❶ 디스코텍에 가고 싶습니다.

❷ 근처에 디스코텍이 있습니까?

❸ 몇 시에 오픈합니까?

❹ 입장료는 얼마입니까?

❺ 입장료가 포함된 것입니까?

❻ 음료수 값은 별도입니까?

❼ 저와 춤추시겠습니까?

10. 관광하기!

❶ मैं डिस्कोठेक को जाना चाहता/चाहती/ हूं ।
맹 디•쓰꼬텍• 꼬 자-나 짜-흐따-(짜-흐띠-) 후-ㅇ

❷ क्या आसपास में कोई डिस्कोठेक है ?
꺄- 아-쓰빠-쓰 멩 꼬이- 디•쓰꼬텍• 해

❸ यह कितने बजे खुलता है ?
예흐 끼뜨네 바제 쿨따- 해

❹ प्रवेश शुल्क कितने है ?
쁘라베슈 슐끄 끼뜨네 해

❺ प्रवेश शुल्क साम्मिलित है ?
쁘라베슈 슐끄 싸-ㅁ 밀리뜨 해

❻ क्या ड्रिंक की कीमत वर्जित हुई है ?
꺄- 드•링끄 끼- 끼-마뜨 바르지뜨 후이- 해

❼ क्या आप मेरे साथ नाच करेंगे/करेंगी/ ?
꺄- 아-쁘 메레 싸-트 나-쯔 까렝게(까렝기-)

❽ 스포츠 즐기기!

❶ 어떤 운동을 좋아하십니까?

❷ 야구를 제일 좋아합니다.

❸ 저는 인도 팀의 열렬한 팬입니다.

❹ 내 취미는 축구를 하는 것입니다.

❺ 축구 시합을 보고 싶습니다.

❻ 어떤 시합이 펼쳐집니까?

❼ 낚시하러 가고 싶습니다.

❽ 골프 투어에 참가하고 싶습니다.

❾ 카누를 타고 싶습니다.

10. 관광하기!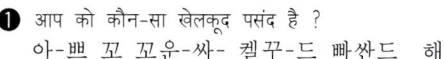

❶ आप को कौन-सा खेलकूद पसंद है ?
아-쁘 꼬 꼬운-싸- 켈꾸-드 빠싼드 해

❷ मुझे बेसबाल सबसे ज़्यादा पसंद है ।
무제 베이쓰바-ㄹ 쌉쎄 쟈-다- 빠싼드 해

❸ मैं हिन्दुस्तानी टीम का बढ़ा अंधभक्त हूँ ।
맹 힌두쓰따-니- 띠ᵅ-ㅁ 까- 바라ᵅ- 안다ᵅ박ᵅ따 후-o

❹ मेरा रूचिकर्म फुटबाल खेलना है ।
메라- 루-찌까르마 뚜뜨ᵇ발-ㄹ 켈르나- 해

❺ मैं फुटबाल मैच देखना चाहता/चाहती/ हूँ ।
맹 푸드ᵇ바-ㄹ 매쯔 데크나 짜-흐따-(짜-흐띠-) 후-o

❻ कौन सा मैच हो रहा है ?
꼬운 싸- 매쓰 호 라하- 해

❼ मैं मत्स्य ग्रहण के लिए जाना चहता/चाहती/ हूँ ।
맹 마뜨쓔 그라한ᵇ 께 리예 자-나- 짜-흐따-(짜-흐띠-) 후-o

❽ मुझे गोल्फ यात्रा में भागी होना चाहिए ।
무제 골프 야-뜨라- 멩 바ᵅ-기- 호나- 짜-히예

❾ मुझे डोंगी चलाना चाहिए ।
무제 동ᵇ기- 짤라-나- 짜-히예

빠르게 찾고 쉽게 말하는 여행회화! 여러분의 여행을 보다 즐겁고 편안하게 만들어 드립니다!!

오락 관련 단어! 1.

● 공연예술 관련 단어표현

음악회	संगीत समारोह	쌍기-뜨 싸마-로흐
음악당	संगीत समारोह हाल	쌍기-뜨 싸마-로흐 하-ㄹ
쇼	प्रदर्शन	쁘라다르샨
버라이어티쇼	विविध मनोरंजन	비비드° 마노란잔
버라이어티쇼	रंगारंग	랑가- 랑그
연극	नाटक	나-따•ㄲ
뮤지컬	सांगीतिक	싸-ㄴ기- 띠끄
오페라	गीतिनाच्य	기-띠나-쨔
발레	नृत्य-रूपक	느리땨° 루-빠-ㄲ
영화	चलचित्र	짤찌뜨르
영화관	चित्र घर	찌뜨르 가°르
극장	नाट्यशाला	나-땨°샤-ㄹ라-
야외극장	कार में देखने के लिए चित्र घर	
	까-르 멩 데크네 께 리에 찌뜨르 가°르	

● 공연예매 관련 단어표현

매표소	टिकट घर	띠•까뜨• 가°르
예매권	अग्रिम टिकट	아그림 띠•까뜨•
어른/어린이	बालिग// बच्चा	바-ㄹ리그 / 밧짜-

10. 관광하기!

학생	छात्र	차-뜨르
예약석	आरक्षित सीठ	아-락시•뜨 씨-트•
자유석	असुरक्षित सीठ	아쑤락시•뜨 씨-트•
맨윗층관람석	दीर्घा सीठ	디-르가*- 씨-트•
1층정면좌석	अगली सीठ	아글리- 씨-트•
2층정면좌석	दर्शक दीर्घा सीठ	
	다르샤끄 디-르가*- 씨-트•	
특별석	विशेष सीठ	비셰샤• 씨-트•
입석	खड़ा होने का सीठ	
	카라•- 호네 까- 씨-트•	
빈좌석	खाली सीठ	칼-리- 씨-트•
리허설	पूर्वाभ्यास	뿌-르와- 뱌*- 쓰
휴식시간	अल्पांतर	알빠-ㄴ따르
공연(상연)	अभिनय	이비*나야

● 스포츠 관련 단어표현

축구	फुटबाल	뿌뜨•바-ㄹ
야구	बेसबाल	베쓰바-ㄹ
수영	तैराई	때라-이-
골프	गोल्फ	골프

오락 관련 단어! 2.

골프장	गोल्फ़ का मैदान	골프 까- 매다-ㄴ
테니스	टेनिस	떼•니쓰
테니스 코트	टेनिस मैदान	떼•니쓰 매다-ㄴ
등산	पहाड़ का अधिरोहण	
		빠하-르• 까- 아디•로한•
낚시	मत्स्य ग्रहण	마뜨쌰 그라한•
보트	नौका	노우까-
보트타기	नौका विहार	노우까 비하-ㄹ
싸이클링	साइकिल चलाना	싸-이낄 짤라-나-
스키스틱	स्कीअर	쓰끼-아르
스키화	स्की जूता	쓰끼- 주-따-
스키팬츠	स्की पैन्ट	쓰끼- 빤뜨•

11. 사고상황의 대처

 ❶ 문제상황의 발생!

해외여행 중에 예기치 않은 사고나 돌발사태가 있을 수 있습니다. 중요한 것은 당황하지 말고 침착하게 대처하는 것입니다. 언어가 제대로 소통되지 않는 상황에서 흥분하고 큰소리로 사정을 외쳐도 도움을 구하긴 결코 쉽지 않습니다. 만약 신변의 위험을 느끼는 상황이라면 주저하지 말고 곧바로 가까운 경찰관이나 경찰서, 대사관 등을 찾으시고, 물건을 도난당하거나 분실했을 때, 또 다쳤을 때는 긴급구조나 경찰서에 즉시 연락을 취하십시오. 특히 보관, 관리에 신경써야 할 것은 여권인데 경비와 별도로 깊은 곳에 잘 보관해야 하겠습니다.

빠르게 찾고 쉽게 말하는 여행회화! 여러분의 여행을 보다 즐겁고 편안하게 만들어 드립니다!!

분실, 도난, 사고?

❷ 분실 도난사고시!

ⓐ 여권을 분실했을 때 :
여권을 분실해 재발급을 받으려면 상당한 시간이 소요됩니다. 전체 여행에 차질을 빚을 수 있으므로 가능한 한 빨리 한국대사관이나 총영사관에 연락한 후 '여행자 증명서'를 발급 받도록 합니다. 여권 및 여행자 증명서를 재발급 받기 위한 구비서류로는 ① 여권 도난 / 분실 증명서 (현지 경찰 발급), ② 일반여권 재발급신청서 2통, ③ 신분증, ④ 사진 2매, ⑤ 분실한 여권의 번호와 교부일자 등을 준비해야 합니다. 이럴 경우를 대비해 여권 앞면을 복사해서 보관하고 있어야 합니다.

ⓑ 여행자수표를 분실했을 때 :
재발행은 두 번째의 사인을 하지 않은 미사용분만 가능합니다. 재발행을 위해서는 ① 분실증명서(경찰서에서 발급), ② 발행 증명서(구입시 은행에서 준 것), ③ 여권이나 운전면허증 등의 신분증을 지참하고 발행 은행의 현지 지점으로 가시면 됩니다. 아직 사용하지 않은 수표의 번호는 항상 기록해 두도록 합니다.

ⓒ 항공권을 분실했을 때 :
발권 항공사의 대리점으로 가서 재발급 신청을 합니다. ① 항공권번호, ② 발권일자, ③ 구간, ④ 복사본이 있으면 편리하며, 소요시간은 약 1주일 정도 걸립니다. 시간이 촉박할 때는 일단 새로 비행기표를 사고, 나중에 환불 받는 방법을 취하도록 하십시오.

ⓓ 크레디트카드를 분실했을 때 :
카드발행회사에 즉시 신고합니다. 카드번호와 유효기간 등은 반드시 따로 메모해 둡니다. 보통 지갑과 함께 잃

11. 사고상황의 대처

어버려 현금과 다른 신분증을 함께 잃어 버리는 경우가 많은데 이를 위해 현금과 카드는 분산해서 소지하고 한국으로부터 송금받을 경우에 대해서도 대비를 하도록 합니다.

ⓔ 유레일패스를 분실했을 때 :
유레일패스는 재발행이 불가능하기 때문에 분실하지 않는 수밖에 없습니다.

ⓕ 배낭 또는 기타 물건을 분실했을 때 :
가방을 분실하거나 도난 당했을 경우, 현지 경찰의 분실증명서를 발급 받아야 합니다. 보험가입자의 경우 귀국 후 보험청구시에 반드시 필요한 서류가 됩니다. 항공기의 운송사고의 경우는 사고보상에 따른 일체를 항공사가 배상합니다.

✚ 도난사고의 예방!

도난사고에 대비하는 준비도 중요하지만 그보다 더 중요한 것은 도난이나 범죄의 가능성을 줄이는 것, 즉 예방입니다. 특히 도난사고가 빈번한 장소로는 공항, 기차역, 호텔 로비, 유명관광지 등을 들 수 있으며, 밤길, 유흥가, 뒷골목은 강도 범죄가 다발하고 있어 특히 주의를 요합니다. 귀중품은 호텔 프론트에 맡기는 것도 좋은 방법입니다.

빠르게 찾고 쉽게 말하는 여행회화! 여러분의 여행을 보다 즐겁고 편안하게 만들어 드립니다!!

분실, 도난, 사고?

❸ 교통사고 발생시!

사고가 발생하면 우선 경찰에 신고하십시오. 경찰 조사가 공정하지 않다고 판단되거나 정확한 과실 규명이 필요할 때는 한국대사관이나 총영사관에 연락해 도움을 구합니다. 특히 접촉사고시에 어느 쪽의 과실인지 정확히 밝혀지지 않은 상태에서 예의상 먼저 **'I'm sorry.'**(미안합니다.)라고 해서는 곤란합니다. 이는 '자신의 과실로 인정한다.'는 뜻이 될 수도 있기 때문입니다. 렌트카의 경우도 과실여부에 따라 전액 보험처리가 되므로 절대 흥분하지 말고 사고처리가 이루어질 때까지 사고 조사의 과정을 잘 지켜봐야 하겠습니다.

❹ 질병에 대한 대비!

기후, 시차 및 식사 등 갑작스러운 변화로 몸에 탈이 생겨 여행에 차질을 빚게 되는 경우가 종종 있습니다. 최근에 해외여행자 보험이 현지 병원과 약국의 도움을 받을 수 있는 보험상품까지 소개되고 있어 여행중의 부상에 대해 다소 걱정을 덜 수 있게 되었습니다. 그럼에도 불구하고 기본적인 비상약은 반드시 챙겨 나가야 하는데 이는 간단한 약품일지라도 나라에 따라서는 쉽게 살 수 없기 때문입니다. 배탈 설사는 여름철 가장 흔한 일로 '정로환' 정도는 필수로 챙겨 가셔야 합니다. 그리고 평소에 건강이 좋지 않으신 분은 복용하시던 약을 여유분까지 충분히 준비해 나가셔야 하며, 만성 질환자의 경우는 영문 처방전을 소지하시는 것이 좋습니다. 병원치료 후에는 반드시 영수증을 받아 추후 보험료를 신청하도록 하며, 장기적으로 입원 치료를 받아야 할 사태라면

11. 사고상황의 대처

한국으로 이를 알려 친지의 도움을 구하셔야 하겠습니다. 그밖의 질환은 가능한한 귀국후에 치료를 받도록 합니다. 충분한 의사소통이 이루어지지 않은 상태에서 큰 수술을 내맡기기에는 무리가 따르기 때문입니다.

❺ 여행시 주의할 점!

인도는 날씨가 무척 덥고 위생 관념이 낮기 때문에 여행 중에 질병에 걸리지 않도록 미리 대처를 해야 합니다. 인도 여행시 주의해야 할 점으로 날씨와 관련해서는 탈수증, 일사병, 열사병으로서 오전 11시부터 오후 4시까지는 햇빛이 뜨거우므로 모자나 양산을 이용하고 적절히 수분을 공급해 주도록 합니다. 그리고 모기에 의해 발병하는 말라리아, 댕기피버에 걸리지 않도록 항상 주의하며 인도 길거리에는 야생개가 많이 돌아다니므로 광견병에 걸리지 않도록 조심해야 합니다.

✚ 여행자 필수 메모장~!

여권과 비자 : 여권번호, 유효기간, 발행일, 발행지, 해당지역의 한국공관 연락처 (여권사본)

항공권 : 항공권번호, 발행일, 관련항공사의 현지 연락처

여행자수표 : 여행자수표 일련번호, 구입일, 관련 은행 연락처

신용카드 : 카드번호, 발급회사 연락처, 분실신고서(증명서)

빠르게 찾고 쉽게 말하는 여행회화! 여러분의 여행을 보다 즐겁고 편안하게 만들어 드립니다!!

① 분실사고시! 1.

❶ 여권을 분실했습니다.

❷ 여행자수표를 분실했습니다.

❸ 기차에 가방을 놓고 내렸습니다.

❹ 카메라를 잃어버렸어요.

❺ 어제 지하철에서 소매치기 당했습니다.

❻ 한국어가 가능한 사람을 불러주세요.

❼ 한국대사관에 연락해 주세요.

11. 사고상황의 대처

① मेरा पारपत्र खो गया है ।
메라- 빠-르빠뜨르 코 가야- 해

② मैं ट्रैवलर चेक खो दिया/दी/ हूँ ।
맹 트•래발라르 쩨끄 코 디야-(디-) 후-ㅇ

③ मैं रेलगाड़ी में बैग छोड़कर उतर गया/गयी/ हूँ ?
맹 렐가-리•- 멩 백 초르까르 우따르 가야(가이-) 후-ㅇ

④ मैं कैमरा खो दिया/दी/ हूँ ।
맹 깨메라- 코 디야-(디-) 후-ㅇ

⑤ कल सबवेइ में चोरी हो गई है ।
깔 사브웨이 멩 쪼리- 호 가이- 해

⑥ आप मेरे लिए कोरियाई बोलने वाले को बुलाएँगे/बुलाएँगी/ ?
아-쁘 메레 리예 꼬리야-이- 볼르네 와-ㄹ레 꼬 불라-엥게(불라-엥기-)

⑦ कृपया कोरियाई राजदूतावास को सम्पर्क कीजिए ।
끄리빠야- 꼬리야-이- 라-즈두-따-와-쓰 꼬 쌈빠르끄 끼-지예

❷ 분실사고시! 2.

❽ 여권을 재발행 받으러 왔습니다.

❾ 오늘 재발행됩니까?

❿ 어디서 그것을 재발행 받을 수 있습니까?

⓫ 재발행이 가능합니까?

⓬ 분실물에 대해선 어디에 물어봐야 합니까?

⓭ 분실물 신고 센터가 어디에 있습니까?

⓮ 이 전화번호로 연락주세요.

11. 사고상황의 대처

❽ मैं पारपत्र का पुननिर्गमन मिलने के लिए आया/आयी/ हूँ ।
맹 빠-르빠뜨르 까- 뿌나니르가만 데네
께 리예 아-야-(아-이-) 후-ㅇ

❾ आप आज इस को पुन: निर्गत करेंगे/करेंगी/ ?
아-쁘 아-즈 이쓰 꼬 뿌나흐 니르가뜨 까렝게
(까렝기-)

❿ इस का पुननिर्गमन कहाँ मिलेगा ?
이쓰 까- 뿌나르니가만 까하-ㅇ 밀레가-

⓫ पुननिर्गमन मिल सकेगा ?
뿌나르니가만 밀 싸께가-

⓬ खोया संपत्ति के बारे में कहाँ पूँछना है ?
코야- 쌈빳띠 께 바-레 멩 까하-ㅇ 쁘-ㅇ츠나- 해

⓭ खोया संपत्ति का सूचना केन्द्र कहाँ है ?
코야- 쌈빳띠 까- 쑤쯔나- 껜드라 까하-ㅇ 해

⓮ इस फोन नंबर को सम्पर्क कीजिए ।
이쓰 폰 남바르 꼬 삼빠르끄 끼-지예

❸ 사고의 신고!

❶ 여보세요. 경찰서죠?

❷ 경찰서 좀 대주세요.

❸ 제 지갑을 소매치기 당했어요.

❹ 자동차 사고를 신고하고자 합니다.

❺ 화재발생 신고를 하려 합니다.

❻ 제가 강도를 당했습니다.

❼ 여기 부상자 한 사람이 있습니다.

❽ 그의 머리에서 피가 납니다.

❾ 앰뷸런스를 좀 불러주세요.

11. 사고상황의 대처

❶ हालो, वहाँ थाना है ?
하-르로, 와하-ㅇ 타-나- 해

❷ पुलिस मिला दीजिए ।
뿔리스 밀라- 디-지예

❸ मेरे पर्स की चोरी हो गई है ।
메레 빠르쓰 끼- 쪼리- 호 가이- 해

❹ कार दुर्घटना दर्ज करना है ।
까-르 두르가*뜨*나- 다르즈 까르나- 해

❺ अग्निकांड दर्ज करना है ।
아그니까-ㄴ드* 다르즈 까르나- 해

❻ चोरी हो गई है ।
쪼리- 호 가이- 해

❼ यहाँ घायल आदमी एक है ।
야하-ㅇ 가*-얄 아-드미- 에끄 해

❽ उन के सिर से रक्त निकल रहा है ।
운 께 씨르 쎄 락뜨 니깔 라하- 해

❾ कृपया एम्बुलेंस को बुलाइए ।
끄리빠야- 엠불렌쓰 꼬 불라-이예

④ 긴급! 간단표현!

❶ 응급상황입니다!

❷ 911로 전화해 주세요.

❸ 경찰을 불러 주세요!

❹ 도둑이다! 잡아라!

❺ 불이야!

❻ 도와주세요!

❼ 조심해요!

❽ 엎드려!

❾ 저 놈 잡아라!

11. 사고상황의 대처

❶ यह आपत्ति है !
예 흐 아-빳띠 해

❷ नौ एक एक नम्बर को फोन कीजिए ।
노우 에끄 에끄 남바르 꼬 폰 끼-지예

❸ पुलिस को बुलाइए !
뿔리쓰 꼬 불라-이예

❹ चोर! पकड़ो !
쪼르 빠까로•

❺ अग्नि !
아그니

❻ मदद कीजिए !
마다드 끼-지예

❼ सावधान !
싸-와다°-ㄴ

❽ लेटो !
레또•

❾ उस आदमी को पकड़ो !
우쓰 아-드미- 꼬 빠까로•

❺ 병원 치료!

❶ 병원에 데려다 주세요.

❷ 구급차를 불러 주세요.

❸ 의사를 불러 주세요.

❹ 여기에 통증이 있습니다.

❺ 머리가 아픕니다. / 열이 있습니다.

❻ 현기증이 납니다. / 토할 것 같습니다.

❼ 설사를 합니다. / 발목을 삐었어요.

❽ 다리가 부러졌습니다.

❾ 속이 쓰리고 소화가 안 됩니다.

11. 사고상황의 대처

❶ मुझे अस्पताल ले जाइए ।
무제 아쓰빠따-르 레 자-이예

❷ एम्बुलेंस बुलाइए ।
엠불렌쓰 불라-이예

❸ डाक्टर को बुल दीजिए ।
다˚-끄따˚르 꼬 불 디-지예

❹ यहाँ दर्द हो रहा है ।
야하-ㅇ 다르드 호 라하- 해

❺ मेरे सिर में दर्द है । // मुझे बुखार है ।
메레 씨르 멩 다르드 해 / 무제 부카-르 해

❻ मुझे चक्कर आ रहे हैं । // उलटी हो रही है ।
무제 짝까르 아- 라헤 행 / 울띠˚- 호 라히- 해

❼ दस्त आ रहे हैं // चरणपर्व में मोच आ गई है ।
다쓰뜨 아- 라헤 행 / 짜라나˚빠르와 멩
모쯔 아- 가이- 해

❽ टाँग में हड्डी टूट गई है ।
따˚-ㅇ그 멩 핫디˚- 뚜˚-뜨˚ 가이- 해

❾ पेट में तीव्र दर्द ओर बदहजमी हो गई है ।
뻬뜨˚ 멩 띠-브라 다르드 오우르 바다흐자미-
호 가이- 해

❻ 약국의 처방!

❶ 이 처방대로 약 좀 조제해 주시겠어요?

❷ 감기(설사)약 좀 주세요.

❸ 두통에 좋은 약 좀 주세요.

❹ 소화불량에 좋은 약 좀 주세요.

❺ 약을 몇 회나 복용합니까?

❻ 이 약을 하루 3번 식후에 드세요.

❼ 처방전 없이 이 약을 팔 수 없습니다.

11. 사고상황의 대처

① क्या नुस्खा द्वारा दवा तैयार कर देंगे/देगी-/ ?
꺄- 누쓰카- 드와라- 다와- 때야-르 까르 뎅게
(뎅기-)

② मुझे जुकाम/दस्त/ के लिए दवा दीजिए ।
무제 주까-ㅁ(다쓰뜨) 께 리예 다와- 디-지예

③ सिरदर्द के लिए अच्छी दवा दीजिए ।
씨르다르드 께 리예 앗치- 다와- 디-지예

④ अपच के लिए अच्छी दवा दीजिए ।
아빠쯔 께 리예 앗치- 다와- 디-지예

⑤ यह दवा दिन में कितनी बार लेनी है ?
예흐 다와- 딘 멩 끼뜨니- 바-르 레니- 해

⑥ दिन में तीन बार खाना खाने के बाद लीजिए ।
딘 멩 띠-ㄴ 바-르 카-나- 카-네 께 바-드 리-지예

⑦ नुस्खा बिना यह दवा नहीं मिलेगा ।
누쓰카- 비나- 예흐 다와- 나히-ㅇ 밀레가-

사고상황 관련 단어!

● 사고 관련 단어표현

경찰서	थाना	타-나-
경찰	पुलिस	뿔리쓰
경찰관	आरक्षी	아-락시•-
파출소	पुलिस स्टांड	뿔리쓰 쓰따•-ㄴ드•
여권	पारपत्र	빠-르빠뜨르
지갑	पर्स	빠르쓰
현금	कैश	깨슈
귀금속	बहुमुल्य धातु	바후무-ㄹ랴 다•-뚜-
분실증명서	चोरी रिपोर्ट	쪼리- 리뽀르뜨•
발행증명	चेक का अभिलेख	쩨끄 까- 이비•레크
재발행하다	पुन: प्रकाशित करना	뿌나• 쁘라까-쉬뜨 까르나-

● 병원 관련 단어표현

병원	अस्पताल	아쓰빠따-ㄹ
의사	डाक्टर	다•-끄따•르
응급처치	प्राथमिक चिकित्सा	쁘라-타미끄 찌끼뜨싸-
구급차	एम्बुलेंस	엠블렌쓰
환자	रोगी	로기-
입원	भरती	바•라띠-

11. 사고상황의 대처

몸	शरीर	샤리-르
머리	सिर	씨르
코 / 귀	नाक//कान	나-끄 / 까-ㄴ
입 / 목	मुँह//गर्दन	뭉흐 / 가르단
손 / 팔	हाथ//टाँग	하-트/따-ㅇ그
가슴	छाती	차-띠-
발 / 다리	पीठ//कमर	삐-트•/ 까마르
등 / 허리	दिल//जिगर	딜 / 지가르
주사	इन्जेक्शन	인젝샨
수술	शल्यक्रिया	샬랴끄리야-
처방	नुस्खा	누쓰카-
약	दवा	다와-
체온	ताप	따-쁘
열	बुखार	부카-르
맥박	नब्ज	납즈
혈압	रक्तचाप	락뜨짜-쁘
진단서	स्वास्थ्य जाँच पत्र	쓰와-쓰탸 자-ㅇ쯔 빠뜨르

● 질병 관련 단어표현

| 두통 | सिरदर्द | 씨르다르드 |

사고상황 관련 단어!

현기증	चक्कर	짝까르
기침	खाँसी	카-ㅇ씨-
재채기	छींक	치-ㅇㄲ
감기	जुकाम	주까-ㅁ
천식	दमा	다마-
폐렴	निमोनिया	니모니야-

❍ 약국 관련 단어표현

약국	दवाखाना	다와-카-나-
약국	केमिस्ट	께미쓰뜨•
처방전	नुस्खा	누쓰카-
탈지면	रूई का फह्य	루이- 까- 파햐
반창고	चेपदार फीता	쩨쁘다-르 피-따-
옥도정기(요오드)	आयोडीन टिंचर	아-요디•-ㄴ 띤•짜르
붕대	पत्ती	빳띠•-
거즈	गाज़	가-즈
아스피린	ऐस्पिरिन	에씨쁘린
감기약	जुकाम की दवा	주까-ㅁ 끼- 다와-
해열제	ज्वरनाशी	즈와르나-쉬-

12. 귀국 준비!

❶ 귀국 준비!

여행일정을 마무리하고 귀국을 준비하는 단계입니다. 먼저 개인짐을 잘 정리해서 가방의 부피를 최대한으로 줄이며, 짐의 갯수도 줄이도록 합니다. 그리고 귀국에 필요한 서류들은 다시 한번 확인하고 따로 작은 가방에 넣습니다.

ⓐ **예약 재확인** : 귀국날짜가 정해지면 미리 항공편 좌석을 예약해야 하며, 예약을 이미 해두었을 경우는 출발 예정시간의 72시간 전에 재확인을 해야 합니다. 항공사에 전화해 이름, 편명, 행선지를 말하고 자신의 연락 전화번호를 남기면 됩니다. 성수기 때에는 자칫 재확인을 하지 않아 당일날 좌석을 구하지 못하는 일이 종종 있습니다.

귀국 준비는 이렇게!

ⓑ **하물의 정리 :** 출발하기 전에 맡길 짐과 기내에 갖고 들어갈 짐을 나누어 꾸리고 토산품과 현지에서 구입한 물건의 품명과 금액을 리스트에 기재해 둡니다. 물건의 파손이 우려되는 제품은 가급적 직접 운반하는 것이 좋으며, 부피가 클 경우에는 짐에 '주의! 파손위험'이라는 스티커를 보딩패스 시에 붙여달라고 요구합니다. 그리고 현지에서 산 면세물품 관련 서류를 반드시 챙겨 물건을 꼭 받아 나오도록 합니다.

ⓒ **출국절차 :** 최소한 출발 2시간 전까지는 공항에 미리 도착해 체크인을 하십시오. 수하물 검사가 매우 철저하게 진행되기 때문에 상당 시간이 소요됩니다. 기내휴대 수하물 외의 짐은 탁송합니다. 화물은 항공기 탑재 중량을 먼저 주의하여야 하며, 초과 중량에 대해서는 1kg당 운임료를 따로 지불해야 합니다. 적지 않은 비용이기 때문에 반드시 미리 체크해야 합니다.

출국절차는 먼저 자신이 이용할 해당 항공사 데스크로 가서 여권, 출입국카드(입국시에 여권에 붙여놓았던 것), 항공권을 제시하면 계원이 출국 카드를 떼내고 비행기의 탑승권을 줍니다. 탑승권에는 좌석번호는 물론 탑승구 번호와 탑승시간까지 기록되어 있습니다. 항공권에 공항세가 포함되어 있지 않을 경우에는 출국 공항세를 지불해야 하는 곳도 있습니다. 이렇게 탑승절차를 마치고 난 후 다음은 보안검색과 기내휴대 수하물의 **X**선검사를 받습니다. 출국장 안으로 들어가게 되면 먼저 탑승권에 표시된 탑승 게이트로 가서 대기를 하거나 면세품코너를 들러 남은 시간을 보냅니다. 아직 선물을 준비하지 못했다면 이곳에서 사는 것이 좋습니다. 귀국할 때는 인천공항의 면세점을 이용할 수 없기 때문입니다.

12. 귀국 준비!

❷ 한국 도착!

한국에 도착한 후 입국절차는 ⓐ 입국신고서(세관신고서) 작성, ⓑ 검역, ⓒ 입국심사, ⓓ 세관검사의 순으로 진행됩니다. 입국신고서는 미리 준비해 둡니다. (출국신고서 작성시에 준비했던 것) 입국절차는 출국절차의 역순, **Q - I - C** (**Quarantine, Immigration, Customs**)입니다.

ⓐ 검역 : 비행기에서 내리면 맨 먼저 검역 부스가 있습니다. 대부분의 여행객에 대해서는 검사가 없으며, 주로 전염병이 보고된 지역의 여행객이 받습니다.

ⓑ 입국심사 : 내국인이라고 표시된 곳으로 가서 줄을 섭니다. 여권과 입국신고서를 제출하면 계원이 입국 카드를 떼어내고 여권에 입국 스탬프를 찍어 주면 완료됩니다.

ⓒ 세관 : 세관신고는 자진신고제를 운영하고 있습니다. 세관 검사에 필요한 서류는 여권과 세관신고서입니다. 신고할 물품이 있으면 여기에 기재를 합니다만, 면세품의 경우는 구두로 신고해도 됩니다. 과세 대상품에 대해서는 세관원이 세액을 산출하여 지불용지를 작성해 줍니다. 지불할 돈이 모자라거나 없을 땐 일단 과세 대상품을 세관에 예치하고 나중에 찾아가도록 합니다. 현재 술, 담배, 향수 이외의 물건은 해외 취득 가격 합계 400달러까지 면세됩니다. 특별히 신고할 물건이 없으면 녹색심사대를 통해 우선 통과가 가능하지만 만약 미기재된 물품이나 신고한 금액을 초과한 물품에 대해서는 별도의 관세가 부과되며, 반입금지 물품(마약류, 총기류 등)에 대해서는 형사처벌을 받게 됩니다. 그리고 남의 짐을 잠시 맡아 주는 등의 도움이 자칫 밀수, 불법반입으로 악용되는 경우가 있기 때문에 특히 주의가 필요합니다.

빠르게 찾고 쉽게 말하는 여행회화! 여러분의 여행을 보다 즐겁고 편안하게 만들어 드립니다!!

● 귀국절차!

❶ 예약을 재확인하고 싶습니다.

❷ 출국수속 카운터는 어디입니까?

❸ 이 짐들을 대한항공 카운터로 옮겨주세요.

❹ 초과요금은 얼마입니까?

❺ 탑승시간은 언제입니까?

❻ 대한항공 710편은 예정대로 출발합니까?

❼ 얼마나 지연됩니까?

12. 귀국 준비!

1 मुझे रजर्वेशन पुन: पुष्टि करना चाहिए ।
무제 레자르베샨 뿌나호: 뿌쓰띠• 까르나- 짜-히예

2 चेक-इन का काउन्टर कहाँ है ?
쩨끄인 까- 까-운따•르 까하ㅇ- 해

3 यह सामान काला काउन्टर को लेना चाहिए ।
예흐 싸-마-ㄴ KAL 까-운따•르 꼬 레나- 짜-히예

4 अतिरिक्त चार्ज कितने पैसे हुए है ?
아띠릭뜨 짜-르즈 끼뜨네 뻬쎄 후에 해

5 विमान में चढ़ना कब होगा ?
비마-ㄴ 멩 짜르•나- 까브 호가-

6 कोरियार्ड एअर लान्सि नंबर 710 का उड़ान समयसारिणी पर होगा ?
꼬리야-이- 에아르 라-인스 남바르 싸-뜨 에끄 슈-냐 까- 우라•-ㄴ 싸마에싸-리니•- 빠르 호가-

7 यह कितने देर होगा ?
예흐 끼뜨네 데르 호가-

기본 회화에서 계약 성공까지!

비지니스 힌디어 회화!

해외 출장을 떠나시는 독자 여러분들을 위한 필수 비지니스 힌디어회화를 특별히 부록편으로 모아 정리했습니다. 간단한 인사말에서부터 상담, 계약, 주문에 이르기까지 꼭 필요한 필수 문장들을 중심으로 소개해 드립니다. 독자 여러분의 '성공 비지니스'를 기원합니다!

비지니스의 시작!

 ❶ 인도 산업의 특성!

인도의 산업구조는 농업 등의 1차산업이 25%, 제조업 등의 2차산업이 30%, 서비스의 3차산업이 45%이며 주요 생산품은 섬유, 화학, 철강, 시멘트, 식품가공, 기계, 원유 등입니다.

비지니스 회화, 기본에서 계약의 성공까지! 여러분의 출장을 확실하게 도와드립니다!

비지니스 회화!
기본 회화에서 계약 성공까지!

인도는 핵무기를 보유하고 있으며 인공위성을 쏘아올린 반면에 공산품 생산능력은 떨어져서 단순한 가전제품까지도 수입에 의존하고 있습니다. 그러나 IT 산업은 지속적으로 꾸준히 성장하고 있는데, 인도의 IT산업은 세계 최고 수준의 인력과 기술력을 자랑합니다. 높은 기술력을 가지면서도 영어를 구사할 수 있고, 또한 낮은 임금은 인도의 IT인력을 미국 실리콘밸리 내 인력의 30%를 차지하게 만들었으며, 소프트웨어 수출이 인도 전체 수출의 16.5%를 차지하게 만들었습니다. 다국적 기업의 IT 생산 기지가 미국에서 인도로 이동하면서, 현재 미국 내 대부분의 업체들이 필요한 소프트웨어를 인도로부터 저렴한 가격에 공급받고 있습니다. 전문가들은 앞으로 3~5년간은 인도가 IT 아웃소싱 전진기지로서의 역할을 계속 할것으로 내다보고 있습니다.

 ❷ 이것만은 알아두자!

인도에서의 비즈니스 시에 꼭 알아야 하는 점을 간략하게 모아 보았습니다. 유념해 두셨다가 실제로 거래하실 때 활용해 보시기 바랍니다.

특별 부록 비지니스 회화!

비지니스의 시작!

상담시에 직수입이 가능한 경우라면 반드시 의사 결정자인 오너를 만나도록 합니다.

사전에 시간 약속을 하며 가능하면 문서로 하는 것이 좋습니다. 대개의 경우 업무 시간은 10:00~17:00이고 점심 시간은 13:00부터이며, 외부에서 저녁 시간에 약속을 정할 경우 인도인들은 보통 밤 9시 이후에 저녁 식사를 하는 것을 고려하여 시간을 정하도록 합니다. 또한 인도인이 집으로 저녁 식사에 초대하는 경우는 최소한 3~4시간은 함께 한다는 것을 의미입니다.

상담 시에는 인도인들의 영어 발음이 인도식 억양이 섞여서 잘 알아듣기가 어려우므로 천천히 얘기해달라고 부탁하도록 합니다.
인도인들은 말하기를 무척 좋아하며 논리적으로 얘기를 하는 편이므로 목소리를 낮게하여 합리적이고도 논리적으로 상담에 응해야 계약의 성사율을 높일 수 있습니다.

인도인들은 상담 경험도 많고 자부심이 강하므로 상담 전 인도에 대한 기초적인 지식이나, 필요한 정보를 사전에 철저히 준비하도록 합니다.

식사 시 유의할 점은 인도 기업인들의 대부분은 제대로 교육을 받은 사람들이며, 보통 힌두교도로서 채식주의자라는 점과 손을 사용하여 식사를 한다는 것입니다. 외국인의 경우 손으로 먹기가 거북할 때에는 포크를 달라고 청하기도 합니다.

계약이 성사되면 반드시 신용장을 개설하도록 합니다. 계약이 되었어도 신용장을 개설하지 않았을 경우에는 대금 결제가 힘든 경우가 많기 때문입니다.

비지니스 회화, 기본에서 계약의 성공까지! 여러분의 출장을 확실하게 도와드립니다!

기본 회화에서 계약 성공까지!
비지니스 회화!

❶ 대표이사님과 약속하고 왔습니다.

❷ 그와 상의할 문제가 좀 있어서요.

❸ 시간이 되시는 지 알아보겠습니다.

❹ 그는 오늘 쉬는 날입니다.

❺ 람 씨는 지금 회의 중입니다.

❻ 제가 기다리시게 했습니까?

❼ 오늘 오후 내 사무실로 와주시겠습니까?

특별 부록 비지니스 회화!

❶ 방문객을 맞을 때!

❶ सीएओ से भैंट का नियत करकर आया/आयी/ ।
씨에오 쎄 벤*뜨* 까- 니야뜨 까르까르 아-야-
(아-이-)

❷ उनसे परिचर्चा करने का कुछ है ।
운쎄 빠리짜르짜- 까르네 까- 꾸츠 해

❸ मैं पता दूँगा/दूँगी/ कि उनका दर्शन संभव है या नहीं ।
맹 빠따- 둥가-(둥기-) 끼 운까- 달샨 쌈바*와 해 야- 나히-ㅇ

❹ आज उनको छुट्टी है ।
아-즈 운꼬 춧*띠*- 해

❺ राम जी सभा में हैं ।
라-ㅁ 지- 싸바*- 멩 행

❻ क्या मैंने आपको मेरी प्रतीक्षा करवा किया/की/ ?
꺄- 맹네 아-쁘꼬 메리- 쁘라띠-끄샤*- 까르와- 끼야-(끼-)

❼ क्या आज दोपहर के बाद मेरे दफ़्तार को आएँगे/आएँगी/ ?
꺄- 아-즈 도쁘하-르 께 바-드 메레 다프따-르 꼬 아-엥게(아-엥기-)

비지니스 회화, 기본에서 계약의 성공까지! 여러분의 출장을 확실하게 도와드립니다!

기본 회화에서 계약 성공까지!
비지니스 회화!

❶ 우리 회사에 오신 것을 환영합니다.

❷ 환영해주셔서 감사합니다.

❸ 저는 따따 회사의 CEO 람 샤마르입니다.

❹ 저는 판매부를 맡고 있습니다.

❺ 제 명함입니다.

❻ 사업 근황이 어떻습니까?

❼ 그저 그래요.

특별 부록 비지니스 회화!

비지니스

❷ 인사할 때!

❶ हमारे कम्पनी आने के लिए स्वागत है ।
하마-레 깜빠니- 아-네 께 리예 스와-까뜨 해

❷ आपके स्वागत के लिए हार्दिक धन्यवाद लगता/लगती/ हूँ ।
아-쁘께 쓰와-가뜨 께 리예 하-르디끄 단*야
와-드 라그따-(라그띠-) 후-ㅇ

❸ मैं ताता कम्पनी का सीईओ, राम शर्मा हूँ ।
맹 따-따 깜빠니- 까 씨에오 라-ㅁ 샤르마- 후-ㅇ

❹ मुझे विक्रय विभाग का उत्तरदायी होना है ।
무제 비끄라야 비바*-그 까- 웃따르다-이- 호나- 해

❺ यह मेरा परिचय कार्ड है ।
예흐 메라- 빠리짜에 까-르드* 해

❻ आपका व्यवसाय कैसे चल रहा है ?
아-쁘까- 뱌바싸-야 깨쎄 짤 라하- 해

❼ ठीक-ठीक है ।
티*-끄 티*-끄 해

비지니스 회화, 기본에서 계약의 성공까지! 여러분의 출장을 확실하게 도와드립니다!

기본 회화에서 계약 성공까지!
비지니스 회화!

❶ 저희 회사는 2000년에 설립되었습니다.

❷ 지점은 몇 개나 됩니까?

❸ 우리는 서울에 13개의 대리점을 가지고 있습니다.

❹ 귀사의 사업 계획은 무엇입니까?

❺ 주요상품들은 무엇입니까?

❻ 국제인증을 가지고 있습니까?

❼ 귀사의 마케팅 전략은 무엇입니까?

특별 부록 비지니스 회화!

❸ 회사를 소개할 때!

❶ हमारा कम्पनी 2000 साल में स्थापना किया था ।
하마-라- 까-ㅁ빠니- 도 하자-르 싸-ㄹ 멩 쓰따-빠나- 끼야- 타-

❷ इसमें कितने शाखा-कार्यालय है ?
이쓰멩 끼뜨네 샤-카- 까-르야-라에 해

❸ सियोउल में 13 अभिकर्ता हैं ।
시요울 멩 떼라하 아비*까르따- 해

❹ आपके कम्पनी का कार्य योजना क्या है ?
아-쁘께 까-ㅁ빠니- 까- 까-르야 요즈나- 꺄- 해

❺ इसका मुख्य उत्पाद क्या है ?
이쓰까- 무캬 우뜨빠-드 꺄- 해

❻ क्या आपके कम्पनी आइएसओ मिला है ?
꺄- 아-쁘께 깜빠니- ISO 밀라- 해

❼ आपको बाज़ार विक्रय की योजना क्या है ?
아-쁘꼬 바-자-르 비끄라야 끼- 요즈나- 꺄- 해

비지니스 회화, 기본에서 계약의 성공까지! 여러분의 출장을 확실하게 도와드립니다!

기본 회화에서 계약 성공까지!
비지니스 회화!

❶ 교환번호 305번 대주시겠어요?

❷ 그에게 연결시켜드리겠습니다.

❸ 그는 지금 자리에 안 계신데요.

❹ 5분 후에 다시 전화해 주시겠어요?

❺ 람 씨와 어떻게 연락할 수 있을까요?

❻ 011-123-4321으로 연락 할 수 있으십니다.

❼ 로한은 가능한 한 빨리 당신이 전화해 주길 바라고 있습니다.

특별 부록 비지니스 회화!

❹ 전화 통화시에!

❶ प्रसार नंबर 305 से मिलना सकता/सकती/ हूँ ।
쁘라싸-르 남바르 띠-ㄴ 쏘우 빠-ㅇ쯔 쎄
밀르나- 싸끄따-(싸끄띠-) 후-ㅇ

❷ आपका फोन उनको बदली करूँगा/करूँगी/ ।
아-쁘까- 폰 운꼬 바달리- 까루-ㅇ가-(까루-ㅇ기-)

❸ वे अभी यहाँ पर नहीं हैं ।
와 아비*- 야하-ㅇ 빠르 나히-ㅇ 해-ㅇ

❹ पाँच मिनट के बाद फिर फोन करेंगे/करेंगी/ ?
-ㅇ쯔 미나뜨• 께 바-드 피르 폰 까렝게(까렝기-)

❺ राम जी को कैसे सम्पर्क कर सकता/सकती/ हूँ ?
라-ㅁ 지- 꼬 께쎄 쌈빠르끄 까르 싸끄따-
(싸끄띠-) 후-ㅇ

❻ नंबर शून्य एक एक एक दो तीन.चार तीन दो एक से सम्पर्क कर सकते/सकती/ हैं ।
남바르 슈-냐 에끄 에끄 에끄 도 떠-ㄴ 짜-르 띠-ㄴ
도 에끄 쎄 쌈빠르끄 까르 사끄떼(싸끄띠-) 행

❼ रोहन चाहता हूँ कि आप उनसे संभवत: जल्दी फोन करें ।
로한 짜-흐따- 후-ㅇ 끼 아-쁘 운쎄
쌈바*와따흐 잘디- 폰 까렝

비지니스 회화, 기본에서 계약의 성공까지! 여러분의 출장을 확실하게 도와드립니다!

기본 회화에서 계약 성공까지!
비지니스 회화!

❶ 귀사의 신제품을 보여주실 수 있습니까?

❷ 시범설명을 해드릴게요.

❸ 얼마동안 품질보증이 됩니까?

❹ 단위당 가격은 얼마입니까?

❺ 가격은 수량에 따라 달라집니다.

❻ 이것이 최저가격인가요?

❼ 지불조건에 대해 알고 싶습니다.

특별 부록 비지니스 회화!

비지니스

❺ 상담할 때!

❶ क्या आपके नये उत्पाद को मुझे दिखाएंगे/दिखाएंगी/ ?
꺄- 아-쁘께 나예 우뜨빠-드 꼬 무제°
디카-엥게 (디카-엥기-)

❷ आपके लिए प्रदर्शित करूंगा/करूंगी/ ।
아-쁘께 리예 쁘라달쉬뜨 까루-ㅇ가-(까루-ㅇ기-)

❸ आश्वासन कितने समय के लिए है ?
아-슈와-싼 끼뜨네 사마에 께 리예 해

❹ एक उत्पाद का मूल्य कितना है ?
에끄 우뜨빠-드 까- 무-ㄹ랴 끼뜨나- 해

❺ मूल्य राशि पर निर्भर होना है ।
무-ㄹ랴 라-쉬 빠르 니르바°르 호나- 해

❻ क्या यह न्यूनतम मूल्य है ?
꺄- 예흐 뉴-나땀 무-ㄹ랴 해

❼ मुझे शोधन की सीमा मालूम चाहिए ।
무제 쇼단° 끼- 씨-마- 마-르루-ㅁ 짜-히예

비지니스 회화, 기본에서 계약의 성공까지! 여러분의 출장을 확실하게 도와드립니다!

기본 회화에서 계약 성공까지!
비지니스 회화!

❶ 그 제품의 재고가 있습니까?

❷ 귀사의 제품을 주문하고 싶습니다.

❸ 얼마나 주문하실 겁니까?

❹ 주문을 변경하고 싶습니다.

❺ 계약서를 작성합시다.

❻ 계약서 받으셨나요?

❼ 네, 계약서가 오늘 아침 일찍 도착했습니다.

특별 부록 비지니스 회화!

비지니스

❻ 계약, 주문을 할 때!

❶ क्या स्टाक में उतपादें हैं ?
   꺄- 쓰따ㆍ-끄 멩 우뜨빠-뎅 행

❷ आपके उतपाद को आर्डर देना चाहिए ।
   아-쁘께 우뜨빠-드 꼬 아르다ㆍ르 데나- 짜-히예

❸ आपको कितना राशि आर्डर देना चाहिए ?
   아-쁘꼬 끼뜨나 라-쉬 아르다ㆍ르 데나- 짜-히예

❹ आर्डर बदलना चाहिए ।
   아-르다ㆍ르 바달르나- 짜-히예

❺ अनुबन्ध पत्र बनें ।
   아누-반드ㆍ 빠뜨르 반넹

❻ क्या आप अनुबन्ध पत्र मिले/मिली/ हैं ?
   꺄- 아-쁘 아누반드ㆍ 빠뜨르 밀레(밀리-) 행

❼ जी हाँ, वह अनुबन्ध पत्र आज पहुँचा है ।
   지 하-ㅇ 보호 아누반드ㆍ 빠뜨르 아-즈
   빠훙짜- 해

비지니스 회화, 기본에서 계약의 성공까지! 여러분의 출장을 확실하게 도와드립니다!

부록 : 필수 단어 사전!

꼭! 꼭! 꼭! 필요한 단어들을 내용별로 정리한 사전입니다!

● 숫자 **Numbers**

0 / 영	शून्य	슈-냐
1 / 첫번째	एक	에끄
2 / 두번째	दो	도
3 / 세번째	तीन	띠-ㄴ
4 / 네번째	चार	짜-르
5 / 다섯번째	पाँच	빠-ㅇ쯔
6 / 여섯번째	छः	체흐
7 / 일곱번째	सात	싸-뜨
8 / 여덟번째	आठ	아-트

부록 필수 단어 사전!

● 숫자 **Numbers**

9 / 아홉번째	नौ	노우
10 / 열번째	दस	다쓰
11 / 열한번째	ग्यारह	갸-라ㅎ
12 / 열두번째	बारह	바-라ㅎ
13 / 열세번째	तेरह	떼라ㅎ
14 / 열네번째	चौदह	쪼우다ㅎ
15 / 열다섯번째	पन्द्रह	빤드라ㅎ
16 / 열여섯번째	सोलह	솔라ㅎ
17 / 열일곱번째	सत्रह	싸뜨라ㅎ
18 / 열여덟번째	अठारह	아타*-라ㅎ
19 / 열아홉번째	उन्नीस	운니-쓰
20 / 스무번째	बीस	비-쓰
30 / 서른번째	तीस	띠-쓰
40 / 마흔번째	चालीस	짜-르리-쓰
50 / 쉰번째	पचास	빠짜-쓰
60 / 예순번째	साठ	싸-트•
70 / 일흔번째	सत्तर	싸ㅅ따르
80 / 여든번째	अस्सी	앗씨-

꼭! 꼭! 꼭! 필요한 단어들을 내용별로 정리한 사전입니다!

Basic Hindustani Dictionary

● 숫자 **Numbers**

90 / 아흔번째	नब्बे	납베
100 / 백번째	सौ	쏘우
1000(일천)	हजार	하자-르
10,000(일만)	दस हजार	다쓰 하자-르
100,000(십만)	लाख	라-크
1,000,000(백만)	दस लाख	다쓰 라-크
2배	दो बार	도 바-르
3배	तीन बार	띠-ㄴ 바-르
반(1/2)	आधा	아-다°-
1/4	एक चौथाई	에끄 쪼우타-이-
1/4	चतुर्थंश	짜뚜르탐슈
한 번	एक बार	에끄 바-르
두 번	दो बार	도 바-르
세 번	तीन बार	띠-ㄴ 바-르
1 다스	एक दर्जन	에끄 다르잔
2 다스	दो दर्जन	도 다르잔

부록 필수 단어 사전!

● 시간 time

한 시간	एक घंटा	에끄 가ʰ-ㄴ 따•-
두 시간	दो घंटे	도 가ʰ네떼•
30분	आधा घंटा	아-다ʰ- 가ʰ-ㄴ따ʰ•
10분	दस मिनट	다쓰 미나뜨•
6초	छ: सेकेन्ड	체흐 쎄껜드•
오전 5시 30분	सवेरे साढ़े पाँच	싸베레 싸-레ʰ• 빠-ㅇ쯔

● 날짜 Day

오전·아침	सुबह//प्रात: काल	쑤베흐/ 쁘라-따흐 까-ㄹ
정오	दोपहर	도뻬하르
오후	दोपहर के बाद	도뻬하르 께 바-드
저녁	शाम	샤-ㅁ
밤	रात	라-뜨
오늘	आज	아-즈
오늘 아침	आज सवेरे	아-즈 싸베레

꼭! 꼭! 꼭! 필요한 단어들을 내용별로 정리한 사전입니다!

Basic Hindustani Dictionary

● 날짜 Day

오늘 밤	आज रात को	아-즈 라-뜨 꼬
오늘 저녁	आज शाम को	아-즈 샤-ㅁ 꼬
어제	कल	깔
내일	कल	내일
내일 아침	कल सवेरे	깔 싸베레
내일 오후	कल दोपहार के बाद	깔 도쁘하-르 께 바-드
내일 저녁	कल शाम को	깔 샤-ㅁ 꼬
모레	परसों	빠르쏭
그저께	परसों	빠르쏭

● 계절 Seasons

봄	वसंत	바싼뜨
여름	गर्मी	가르미-
가을	शरद	샤라드
겨울	सर्दी	싸르디-

부록 필수 단어 사전!

단어사전

● 주 Week

일요일	रविवार	라비와-르
월요일	सोमवार	쏨와-르
화요일	मंगलवार	망갈와-르
수요일	बुधवार	부드˚와-르
목요일	गुरुवार/बृहस्पतिवार/	구루와-르 (브리하쓰빠띠와-르)
금요일	णुक्रवार	슈끄라와-르
토요일	णनिवार	샤니와-르

● 월 Months

1월	जनवरी	잔바리-
2월	फरवरी	파르바리-
3월	मार्च	마-르쯔
4월	अप्रैल	아쁘랠

꼭! 꼭! 꼭! 필요한 단어들을 내용별로 정리한 사전입니다!

● 월 Months

5월	माई	마-이-
6월	जून	주-ㄴ
7월	जुलाई	줄라-이-
8월	अगस्त	아가쓰뜨
9월	सितंबर	씨땀바르
10월	अक्तूबर	악뚜-바르
11월	नवंबर	나밤바르
12월	दिसंबर	디쌈바르

● 가족 Family

남자	पुरुष	뿌루슈
여자	महिला	마힐라-
소년	लड़का	라르•까-

● 가족 Family

소녀	लड़की	라르•끼-
아기	शिशु	쉬슈
어린이	बच्चा	밧짜-
아버지	पिता	삐따-
어머니	माता	마-따-
부모	माँ-बाप	마-ㅇ 바-쁘
남편	पति	빠띠
아내	पत्नी	빠뜨니-
형제	भाई	바-이-
자매	बहन	베흔
약혼자	वाग्दत्त	와-그닷뜨
약혼녀	वाग्दत्ता	와-그닷따-
친구	मित्र	미뜨르
아들	पुत्र	뿌뜨르
딸	पुत्री	뿌뜨리-
조카(남/여)	भतिजा//भतिजी	바•띠자-/바•띠지-
아저씨	चाचा	짜-짜-
아주머니	मौसी	모우씨-

꼭! 꼭! 꼭! 필요한 단어들을 내용별로 정리한 사전입니다!

● 국민과 언어

People / Language

한국인/한국어	कोरियाई	리야-이-
미국인	अमेरीकी	아메리-까-ㄴ
영국인/영어	अंग्रजी	앙그레지-
일본인/일본어	जापानी	자-빠-니-
중국인/중국어	चीनी	찌-ㄴ 이-
프랑스인/프랑스어	फारसीसी	파-르씨씨-
스페인인/스페인어	स्पेनी	쓰뻬니-
독일인/독일어	जर्मन	자르마니-
이탈리아인/이태리어	इटली	이딸•리-
태국인/태국어	ठाई	타•-이-
러시아/러시아어	रूसी	루-씨-

● 국가명 Nation

한국	कोरिया	꼬리야
미국	संयुक्त राज्य अमेरीका	

● 국가명 Nation

	산육따 라-쟈 아메리-까-	
영국	잉글랜드	인글랜드
일본	재패안	자-빠-ㄴ
중국	촤인	찌-ㄴ
프랑스	프라스	쁘라-ㄴ쓰
스페인	스페인	스뻬ㄴ
독일	저어머어느	자르마니
이탈리아	이태리	이딸•리-
태국	타일랜드	타•-이랜드•
러시아	루스	루-쓰

Step by step!

1. 목적지 공항도착!
목적지 공항에 도착하면 짐을 잘 챙겨서 내립니다. 입국심사서는 미리 준비하세요!

Step 1

2. 도착 출구통과!
'Arrival'이라고 쓰여진 출구를 찾아 통과합니다.

Step 2

✚ 잠깐만요!
여권! 입국심사서! 항공권! 수하물표!를 잘 챙겨서 나가십시오!